Hundert Jahre Thamsen Bongsiel

Zur Geschichte eines Landgasthofes

Gaststätte Bongsiel im Jahre 2005

HUNDERT JAHRE THAMSEN BONGSIEL

Zur Geschichte eines Landgasthofes

von Reimer Kay Holander
Mit einem Katalog der Sammlung Thamsen
von Hans-Jürgen Krähe und H.-Peter Widderich

NORDFRIISK INSTITUUT

Nordfriisk Instituut
Bräist/Bredstedt, NF
2005

Helmut Wree,
Dr. Olaf Bastian

GRUSSWORT DES KREISES NORDFRIESLAND

Der Landgasthof Bongsiel ist eines der ältesten und traditionsreichsten Gasthäuser in Nordfriesland. Er steckt nicht nur voller Geschichte, sondern war auch Schau- und Entstehungsplatz vieler kurzweiliger Geschichten. Einige davon sind in diesem Buch schriftlich festgehalten worden.

Da ist zum Beispiel die Rede von Lauritz Thamsen, der 1902 als Schleusenwärter nach Bongsiel kam. Zusätzlich übernahm er den Betrieb einer Gastwirtschaft, die die Bongsieler Wasserlösungs-Commüne errichtet hatte. Lauritz Thamsen war ein Mann mit vielen Talenten, zu denen auch das Malen gehörte. Sein besonderes Verhältnis zu Kunst und zu Künstlern führte dazu, dass viele »Malersleute« – manche sind heute nur noch Fachleuten vertraut, andere hingegen weltbekannt – immer wieder gern in Bongsiel zu Gast waren. Damals wurde der Grundstein für die umfangreiche Sammlung von Bildern gelegt, die noch heute die Wände der Gaststuben schmückt. Manches Gemälde diente wohl auch als Bezahlung für Speisen, Getränke und Unterkunft.

Heute, drei Generationen später, wird Bongsiel immer noch von der Familie Thamsen bewirtschaftet. Natürlich hat sich vieles verändert: So ist zum Beispiel das Siel ein ganzes Stück weit nach Westen verlegt worden, und auch die Baulichkeiten wurden modernen Ansprüchen angepasst. Doch eines ist geblieben: Die Gastlichkeit, dank derer man sich in Bongsiel, wie es in der Chronik heißt, »gut aufgehoben« fühlt.

Im Namen des Kreises Nordfriesland gratulieren wir herzlich zum 100-jährigen Bestehen des Gasthauses Bongsiel. Wir wünschen der Familie Thamsen und ihren Mitarbeiterinnen und Mitarbeitern alles Gute für die nächsten 100 Jahre. Und selbstverständlich kommen wir auch selbst immer wieder gern nach Bongsiel, denn ein Aufenthalt dort ist immer ein Erlebnis.

Helmut Wree
Kreispräsident

Dr. Olaf Bastian
Landrat

Im Herzen Nordfrieslands, in der weiten Marsch hinter dem Wester-Deich des Ockholmer Kooges liegt ein Landgasthof, dessen Ruf nach Nord und Süd weit über Nordfriesland hinaus verbreitet ist: die »Gaststätte Bongsiel – Dat swarte Peerd«, Inhaber Familie Thamsen. Der gute Ruf verdankt sich allerdings nicht nur der anheimelnden Gastlichkeit des Hauses und seiner guten Küche – Spezialitäten sind Aalgerichte und im Winter Wildente –, sondern nicht minder auch einer ungewöhnlichen Sammlung von mehr als hundert Bildern von der Hand zahlreicher, darunter auch renommierter Künstler, welche die Wände der Gaststuben schmücken. Am 3. Mai 2003 konnte die »Gaststätte Bongsiel« auf ihr hundertjähriges Bestehen zurückblicken.

INHALT

Gaststätte Bongsiel in alter Zeit

WIE ES ANFING

Als der Gastwirt Lauritz Thamsen im Jahre 1902 mit seiner Familie von Klintum nach Bongsiel kam, um dort die Stelle als Schleusenwärter anzutreten, hatte er einige bewegte und zuletzt schwere Jahre hinter sich. Und auch vor ihm lagen noch Jahre voller Mühen, ehe »Bongsiel« das geworden war, was es seitdem ist: »Der netteste, besuchteste Krug an der ganzen Deichskante entlang.« So hat es sein langjähriger Freund, der Maler Alex Eckener, später einmal ausgedrückt, und er hatte hinzugefügt: »Und dazu hat Lauritz Thamsen viel beigetragen.«

Der Tod Lauritz Thamsens im Jahre 1929 hatte Eckener veranlasst, seine Erinnerungen an den Freund einmal aufzuschreiben, auf Plattdeutsch, wie es dem Umgang der beiden angemessen war. Unter dem Titel »Bi Vadder Thamsen« erschien das Stück dann in »Dr. L. Meyns Hauskalender für das Jahr 1931 / Heimatkalender für Nordfriesland und Eiderstedt« im Verlag H. Lühr & Dircks in Garding. Damit war ihm eine weite Verbreitung an der Westküste gesichert, denn dieser Kalender, der neben dem Kalendarium und volkstümlichem Lesestoff auch die Zeiten des Hoch- und Niedrigwassers für verschiedene Orte, die Daten der Kram- und Jahrmärkte sowie andere nützliche Hinweise enthielt, war nächst der Bibel und dem Gesangbuch in vielen Häusern das wichtigste Buch auf dem Bord. Diesen so warmherzig wie anschaulich geschriebenen Erinnerungen Eckeners wollen wir denn auch folgen, wenn es darum geht, »Vadder Thamsens« Weg nach Bongsiel nachzuzeichnen.

Lauritz Thamsen war Gastwirt in Niebüll gewesen. Sein Haus an der Hauptstraße war dort gegen Ende des 19. Jahrhunderts als feiner und, wie Eckener schreibt, »besonders nahrhafter« Gasthof bekannt. Schon damals, lange noch nicht zur Stadt erhoben, war Niebüll das Zentrum einer weiteren ländlichen Umgebung. Und »Thamsens Hôtel« war so etwas wie ein Sammelpunkt der »Gesellschaft«, Standquartier beispielsweise der großen Hofbesitzer aus der »Millionenecke« im Christian-Albrechts-Koog; auch die Honoratioren des Ortes, der Amtsrichter, der Kreisphysikus und ein weiterer Arzt verkehrten hier, wenn sie sich zu Whist und L'hombre bei Rotspon und Mosel trafen. Und Lauritz Thamsen schenkte gewiss nicht die schlechtesten Weine aus, denn auch er hatte, wie Eckener versichern konnte, »eine gute Weinzunge«.

Im übrigen hatte Lauritz Thamsen nicht nur Sinn für Malerei – er hat sich selber auch als Maler versucht und einige beachtliche Bilder in Öl gemalt –, er hatte auch Verständnis für die Malersleute, die in sein Haus kamen, auch wenn sie nicht so vermögend waren wie die Honoratioren und Hofbesitzer. Auch Alex Eckener war als junger Mann von seinem Malerkollegen Anton Nissen an Thamsen verwiesen worden – »da ist man gut aufgehoben«, hatte der gemeint. Von weiteren Kollegen, die dort zu Gast waren, nennt Eckener unter anderen Sophus Hansen aus Glücksburg und Heinrich Linde-Walther aus Lübeck. Auch Hans Peter Feddersen aus dem nahe gelegenen Kleiseer Koog schaute gelegentlich herein, um zu sehen, was die jüngeren Kollegen denn so zu Wege brachten.

Doch die gute Zeit in Niebüll fand ein jähes Ende. Um es kurz zu machen: Der Konkurs eines Freundes, für den er gebürgt hatte, war Thamsen zum Verhängnis geworden. Er hatte voll eintreten müssen, das Hotel musste verkauft werden, und Thamsen verzog nach Klintum, wo er abseits der Landstraße einen kleinen Krug bewirtschaftete. Als dann aber im Jahre 1902 ein neuer Schleusenwärter für Bongsiel gesucht wurde, sah Thamsen seine Chance, und er bewarb sich:

»Der ergebenst Unterzeichnete erlaubt sich
um den Posten als Schleusenwärter zu bewerben.
Dafür daß ich einen solchen Posten versehen kann,
berufe ich mich auf meine frühere Thätigkeit als
Schleusenwärter bei Südwesthörn in den Jahren 1874/75.
Mit sämtliche vorkommende Arbeit, sowie Bootführen,
bin ich bekannt.

Ganz ergebenst. L. B. Thamsen.«

Tatsächlich fiel die Wahl nach vier Wahlgängen unter zwölf Bewerbern auf ihn. Und was ihn besonders erfreuen konnte: An demselben Tage, an dem der alte Schleusenwärter gestorben war, der auch die mit dem Haus verbundene Schankkonzession innehatte, beschloss die Bongsieler Wasserlösungs-Commüne einen Neubau der Gastwirtschaft. Im übrigen kam zum Gehalt des Schleusenwärters nicht nur die Einnahme aus der Schankwirtschaft, sondern die Stelle war auch verbunden mit der Gerechtsame auf eine kleine Koogsfenne für zwei Kühe sowie Schafsgräsung am Deich und im Vorland zwischen den Schleusen. So würde man, wenn auch bescheiden, wohl leben können.
Im Mai 1903 wurde das neue Haus bezogen.

DER DEICH, SIELE, EIN HAFEN UND EIN KRUG

Wer heute nach Bongsiel kommt und sich dort ein wenig umsieht, findet von dem, was dem Ort einmal Bedeutung verliehen hat, außer der Gaststätte nicht mehr viel vor. Zumal die Siele, die dem Platz zu seinem Namen verholfen haben, und das Schleusenhaus auf dem Deich sind verschwunden. Da ist noch der jetzt tote Arm des Bongsieler Kanals. Da ist immer noch der Deich in seiner imposanten Höhe, der aber auch nicht mehr Seedeich ist, sondern mit dem Bau des Hauke-Haien-Kooges in den Jahren 1958–60 in die zweite Deichlinie gerückt ist. Und vor dem Deich, im neuen Koog, kann man, schon halb verborgen unter dichtem Gebüsch, noch die beiden alten Hafenbecken ausmachen. Das ist alles, und alles andere muss die Chronik erzählen.

Ockholm, ehemals eine Hallig, eine unbedeichte Marschinsel im Wattenmeer, ist 1515 eingedeicht und damit an die Festlandsmarsch angeschlossen worden. Dieser Deich besteht also bis heute, wenn auch im Laufe der Jahrhunderte nach Sturmfluten vielfach geflickt und mit der Zeit auch verstärkt und erhöht. Bis weit noch ins 20. Jahrhundert waren Bau und Unterhaltung der Deiche die Aufgabe von Deichgenossenschaften mit ehrenamtlichen Deichgrafen, Deichvögten und Gevollmächtigten, Verbände, die unter wechselnden Bezeichnungen bis heute bestehen. Ihnen obliegen auch alljährlich die Deichschauen, im Frühjahr, um die im Laufe des Winters eingetretenen Schäden festzustellen und deren Beseitigung zu veranlassen, im Herbst zur Kontrolle dieser Arbeiten. Aber nicht nur Bau und Unterhaltung des Deiches waren ihre Aufgabe, sondern ebenso die Regulierung der Entwässerung des Landes hinter dem Deich. Für Ockholm war dafür lange Zeit die sogenannte Bongsieler Wasserlösungs-

Albert Johannsen (1890–1975): Bongsiel. 1949.

Commüne zuständig, seit 1956 ist es der Deich- und Hauptsielverband Südwesthörn-Bongsiel mit Sitz in Niebüll. Nach Inkraft-treten eines geänderten Wassergesetzes des Landes Schleswig-Holstein im Jahre 1971 ist der Verband, wie alle anderen seinesgleichen auch, allerdings nur noch für das Sielwesen, also die Entwässerung zuständig. Das Eigentum am Deich und die Sorge für den Deich sind auf das Land übergegangen.

Mit der Bedeichung Ockholms entstand ein neues Problem: die Entwässerung des niedrig gelegenen Marschlandes des neuen Kooges und zugleich auch der dahinter liegenden älteren Köge. Hierfür musste ein Durchlass im Deich geschaffen werden, ein Siel oder, wie es auch heißt, eine Deichschleuse. Ein erstes Siel lag vermutlich am Ockholmer Süder-Deich. Mit der Bedeichung weiterer Halligen und der Gewinnung neuer Köge nördlich von Ockholm im 16. und 17. Jahrhundert ergab sich jedoch die Notwendigkeit, auch das Wasser der Geestgebiete kontrolliert abzuführen, denn hier mündeten die Soholmer und die Lecker Au ins

Wattenmeer, deren Einzugsbereich im Osten bis vor die Tore Flensburgs reicht. Zu diesem Zweck wurde 1735 ein Kanal angelegt, der das Wasser beider Flüsse aufnahm. Für den Durchlass durch den Deich wurde zunächst eine, kurz darauf eine weitere Schleuse gebaut und noch im 18. Jahrhundert eine dritte. Bald hatten das Siel und der Kanal auch ihren Namen: Bongsiel und Bongsieler Kanal, benannt nach dem ersten Schleusenwärter am Siel, August Erich Gustav Bong.

Was für seine Zeit genügt haben mochte, erwies sich jedoch schon ein Jahrhundert später als nicht mehr ausreichend. Vor allem wurde jetzt die Notwendigkeit erkannt, die Ableitung des Geestwassers von der Marschentwässerung zu trennen. Es war der angesehene Deichgraf Andreas Nissen – sein Bild, von Carl Ludwig Jessen 1855 gezeichnet, hängt an einem Ehrenplatz auf Bongsiel (vgl. Katalog Nr. 105) –, der um die Mitte des 19. Jahrhunderts das Projekt eines neuen Bongsieler Kanals aufstellte, durch den vor allem der stark gewundene Lauf der Soholmer Au begradigt werden sollte. Dieser Kanal wurde im Laufe mehrerer Jahre bis 1863 fertiggestellt. Im Zusammenhang damit wurden auch die alten Schleusen erneuert, und mit weiteren Verbesserungen im Laufe des 20. Jahrhunderts erfüllten diese drei Bongsieler Schleusen ihren Zweck bis zum Bau des Hauke-Haien-Kooges. Dann wurde eine neue Schleuse gebaut, durch die nun das gesamte Binnenwasser in den neuen Koog und zum neuen Siel, Schlüttsiel, geleitet wird. Die alten Schleusen wurden gesprengt und zugeschüttet.

Es liegt nahe, dass in Verbindung mit einem Siel auch so etwas wie ein Hafen vor dem Deich entsteht, ein Anlegeplatz zumindest für die Küstenschiffahrt. Schon die Ortswahl für das Siel erfolgte ja im Hinblick auf eine möglichst günstige Vorflut für das ausfließende Binnenwasser, und dieses förderte dann durch seine Strömung noch die Bildung einer Fahrrinne im Watt, die den flachgehenden Booten der Küstenschiffer ausreichend Wasser unter dem Kiel sicherte. Ganz natürlich entwickelte sich hier also ein Umschlagplatz für Personen und Waren aller Art.

Für Ockholm ist schon im 16. Jahrhundert eine Fährverbindung nach Nordstrand bezeugt, vermutlich vom Süder-Deich aus. Mit dem Bau des ersten Bongsieler Kanals entsteht auch am Bongsiel ein kleiner Hafen. 1744 wird drei Ockholmer Schiffern ein Privileg erteilt, das ihnen gestattet, »reisende Leute, Vieh, Victualien und dergleichen nach den gegenüberliegenden Inseln und Halligen« zu transportieren. Ab 1888 geht das Postboot einmal die Woche von Bongsiel nach den Halligen, seit 1914 viermal wöchentlich. Legendär ist der Postschiffer Wirk Matthiesen, der mehr als zwei Jahrzehnte mit seiner »Seenymphe« den Postdienst versah. Auf der Radierung von Eckener (Kat. Nr. 40) ist er noch heute zu bewundern. Mit zunehmendem Tourismus wurde Bongsiel über den örtlichen Personenverkehr hinaus auch für den Fremdenverkehr interessant, der hier, auf der Schwelle zur Halligwelt, seinen idealen Ausgangspunkt finden konnte. Der Bau des Hauke-Haien-Kooges bedeutete dann aber auch das Ende des Hafens Bongsiel; im September 1959 wurde er geschlossen. Ende 1960 legte das erste Schiff, die MS »Amrum«, Kapitän August Jacobs, im neuen Hafen Schlüttsiel an.

Deich, Siel und ein Hafen – da sollte wohl ein Krug nicht fehlen. Auch konnte der Schleusenwärter, der sein Amt gleichsam nur im Nebenberuf versah, eine Aufbesserung seiner Einkünfte gut gebrauchen. Tatsächlich nennt denn auch die Ockholmer Chronik schon den ersten Schleusenwärter von Bongsiel den »Mergentender bei der neuen Schleusen am Wester-Teich«, den Marketender also, der neben einem kleinen Gemischtwarenhandel, einer Hökerei, auch einen Ausschank betrieb. Und dabei ist es geblieben auch bei seinen Nachfolgern, wenigstens was den Ausschank betrifft bis in Thamsens Zeit. So konnten die

Reisenden, sei es nach der Fahrt übers Watt zum Festland, sei es während des Wartens auf günstige Tide oder günstigen Wind vor der Fahrt nach draußen doch mit Speisen und Getränken versorgt werden. Das wird mitunter nicht ganz ungefährlich gewesen sein, wenn hier auch einmal mehrere »Reisen« gemacht, also mehrere Runden für eine Gesellschaft – »sieben Pünsche für eine Mark« – ausgegeben wurden. Von einer Trauergesellschaft, die einmal in der kalten Jahreszeit von der Hallig unterwegs war nach Ockholm, wird erzählt, dass sie sich erst einmal auf Bongsiel von der Fahrt »erholten«, bis plötzlich einem einfiel, dass sie ja zur Beerdigung sollten. In höchster Eile brach man auf und fuhr fröhlich nach der Kirche, aber dort angekommen, stellte man fest, dass man den Sarg vergessen hatte. Der stand noch auf Bongsiel.

VIER GENERATIONEN THAMSEN

Man tut seinen Nachkommen gewiss nicht Unrecht, wenn man sagt, dass es Lauritz Thamsen war, der »Bongsiel« zu dem gemacht hat, was es heute ist, dass er es war, der Atmosphäre und Stil des Hauses nachhaltig geprägt hat. Aber man darf auch sagen, dass Sohn, Enkel und Urenkel sich stets als treue Bewahrer dieses Vermächtnisses erwiesen haben, das sie, jeder auf seine Weise, nach besten Kräften gemehrt haben und weiterhin mehren.

Lauritz Barthold Thamsen wurde 1848 in Rutebüll geboren, einem kleinen Ort an der Wiedau eben nördlich der heutigen deutsch-dänischen Grenze. 1879 heiratete er die um zwölf Jahre jüngere Marie Jensen aus dem am anderen Ufer der Wiedau gelegenen Rosenkranz. Das Paar hatte neun Kinder. Der Weg der Familie nach Bongsiel ist oben schon kurz geschildert

Lauritz Barthold Thamsen mit Ehefrau Marie

worden, ebenso die Schwierigkeiten des Anfangs für den nicht mehr ganz jungen Schleusenwärter und Gastwirt, Schwierigkeiten und Mühen, die auch mit dem Einzug in das neue Haus nicht gleich beendet waren. Denn Gäste kamen zunächst nur spärlich. Aber da waren die Sielzüge, der Bongsieler Kanal und die drei Schleusen, die für viele Menschen, nicht nur für Fachleute, interessant waren und die bald ein Anziehungspunkt wurden. Dazu kamen die alljährlichen Deichschauen der hohen Wasserlösungskommission mit dem Landrat und dem Deichgrafen an der Spitze, die mit einem festlichen Deichschau-Essen ihren Abschluss fanden. Wo? Natürlich auf Bongsiel! Es ist ja nicht ohne Grund, dass hier zwischen den anderen Bildern auch die Fotografien einer ganzen Reihe von Deichgrafen zu sehen sind. Und es kamen die Maler, die zum Teil schon von Niebüll her mit »Vadder Thamsen« bekannt waren; sie schmückten im Laufe der Jahre die Wände mit ihren Bildern – manchmal beglichen sie wohl auch ihre Zeche und ihr Nachtquartier mit ihnen – und zogen so weitere Künstler an und manchen interessierten Gast. Schließlich betrieb Lauritz Thamsen auch so etwas wie »Fremdenverkehrs-Förderung«, ohne freilich dabei seinen eigenen Nutzen zu vergessen: Er regte Halligfahrten an, die von seiner Gaststätte ausgingen und natürlich dort auch wieder endeten.

Doch wichtiger noch als das alles waren die Person des Krögers selber und die tüchtige Hausfrau. Alex Eckener erzählt, wie Thamsen nicht nur als Schleusenwärter, der stramm seinen Dienst versah, sondern auch im Dorf Ockholm allmählich Anerkennung fand – »nicht durch Punsch- oder Kömschenken, was das Einfachste gewesen wäre, sondern durch hilfreiche und menschlich besorgte Anteilnahme«. Im übrigen wusste Lauritz Thamsen seine Gäste mit Geschichten und Späßen gut zu unterhalten und war für seine deftigen, manchmal auch etwas anrüchigen Witze bekannt. Und Mutter Thamsen reichte stets ein gutes Essen – nicht zuletzt Gerichte von Aalen, die damals noch reichlich in den Sielzügen, praktisch vor der Haustür gefangen werden konnten –, und sie servierte guten Kaffee und Kuchen. Mit einem Wort: Bei Thamsens war man »gut aufgehoben«. Im Jahre 1926 übergab Lauritz Thamsen die Wirtschaft an seinen ältesten Sohn Rasmus. Er starb 1929, gefolgt von seiner Frau knapp drei Jahre später im Jahre 1932.

Rasmus Nikolay Thamsen wurde 1891 in Niebüll geboren und war mit Margarethe (»Gretchen«) Ingeburg, geb. Sönksen, verheiratet, die 1901 in Bredstedt zur Welt gekommen war. Auch Rasmus Thamsen versah noch den Dienst als Schleusenwärter, aber eigentlich war er gelernter Koch. Seine Lehrzeit hatte er in dem angesehenen Hotel Reichshof in Hamburg absolviert. Auch er hatte gleich seinem Vater den Schalk im Nacken und konnte amüsant erzählen, so dass man ihm gerne zuhören mochte. In seine Zeit fällt der erste Ausbau des Saales unter Einbeziehung der alten Durchfahrt sowie im Jahre 1943 der Erwerb des Nach-

Rasmus Nikolay Thamsen mit Ehefrau Margarethe (»Gretchen«)

barhauses auf der südlich angrenzenden Warf, heute, nach der Einführung von Straßennamen in Ockholm, das Haus Am Kanal Nr. 1. Nachdem es zunächst vermietet war, diente das Haus und dient es noch heute den verschiedenen Familienmitgliedern als Wohnung. Außerdem hatte Rasmus Thamsen von 1934 bis 1948 die Hallig Habel gepachtet, so dass – wie auch später noch – auch dort Gäste wohnen und von Bongsiel aus versorgt werden konnten, was für die Wirtschaft eine willkommene Bereicherung mit sich brachte. Die Ehe von Rasmus und Gretchen Thamsen war mit sechs Kindern gesegnet. 1961 übergaben sie die Gaststätte ihrem Sohn Johannes. Rasmus Thamsen starb im Jahre 1963, seine Frau nur wenig später Anfang 1965.

Johannes (»Hanni«) Rasmus Thamsen, geboren 1937 auf Bongsiel, ist der jüngste Sohn von Rasmus und Gretchen Thamsen. Er ist mit Elsbe, geb. Eggers, geboren 1943 im Sönke-Nissen-Koog, verheiratet, und ihrer Ehe wurden vier Kinder geschenkt. Auch Hanni Thamsen war zeitweilig noch als Schöpf-

Johannes (»Hanni«) Rasmus Thamsen mit Ehefrau Elsbe

werkswärter tätig, aber eigentlich war er Seemann, bis er die Wirtschaft auf Bongsiel übernahm. Das Kochen besorgte nun wieder die Hausfrau, wie schon in der ersten Generation, und das in gleicher Qualität. Auch Hanni und Elsbe Thamsen mehrten den Besitz der Familie: 1966 kauften sie das Stammhaus, jetzt Am Kanal Nr. 2 bezeichnet, vom Deich- und Hauptsielverband; danach wurde das Haus umfassend erweitert und renoviert. 1981 erfolgte der Abriss des alten Hauses auf der Warf, und ein Neubau entstand an der gleichen Stelle.

Im Jahr 2001 übergaben Hanni und Elsbe Thamsen den Betrieb an ihren jüngsten Sohn Björn, geboren 1973, der gelernter Hotelkaufmann ist. Bereits ein Jahr nach der Übernahme des Betriebes wurde der Festsaal des alten Hauses abermals gründlich renoviert, das Gebäude wurde weiter ausgebaut und dabei um sieben Komfortzimmer erweitert. Alles in allem stehen den Gästen heute 15 Gästezimmer und acht Ferienwohnungen zur Verfügung.

Björn Thamsen mit Ehefrau Inga und den Kindern Lasse und Ester

ZU GAST AUF BONGSIEL

So weit her die Gäste auf Bongsiel auch gekommen sein mögen – die von 1909 bis 1970 geführten »Fremden-Bücher« geben hierüber reichlich Auskunft –, immer ist Bongsiel doch zugleich die Gastwirtschaft im Dorf gewesen, und sie ist es bis auf den heutigen Tag geblieben: geschätzt von den Einheimischen aus der Nachbarschaft wie aus der näheren und weiteren Umgebung. Auch das hat zu der ganz eigenen, einmaligen Atmosphäre des Hauses beigetragen, und das sollte nicht vergessen werden, wenn im folgenden vor allem von den »Fremden« die Rede ist, die auf Bongsiel zu Gast gewesen sind.

»Auf blauen Dunst hier angekommen,
Sind die Tage schnell verronnen!
Wir fanden es so wunderschön
Und grüßen mit Auf Wiedersehn!«

Oder auch:

»Ein Vergnügen eigner Art
Ist so eine Halligfahrt!
Wenn als Start und leuchtend Ziel
Winket Rasmus aus Bongsiel …«

So und ähnlich, gereimt oder nicht, haben Gäste vielfältig ihren Dank und ihre Anerkennung zum Ausdruck gebracht, bisweilen begleitet von einer kleinen lustigen Zeichnung. Immer wieder kommen die gute Seeluft, das Erlebnis der Halligwelt zur Sprache, und natürlich sind stets auch die gemütliche Stimmung sowie Aale und Krabben aus der Küche des Hauses Gegenstand der Lobpreisungen. Aber Rasmus kriegt doch auch schon mal eins ausgewischt:

»Speckaal und Entenbraten
So ganz besonders schmeckt,
Wenn man nach Schlick-Watt-Waten
Am Ofen die Beine streckt.
Wenn dazu Rasmus vertellt
Noch Döntjes und Jägerlatein,
Dann, Brüder, wo auf der Welt
Kann's wohl gemütlicher sein?
Wird dir's am Ende zu dumm
Von Rasmussens langer Geschicht,
Lass schmecken dir Tee mit Rum –
Und: Glaube dem Rasmus nicht!!«

Einträge in das Fremden-Buch

Was die Herkunft der Gäste betrifft, so überwiegen naturgemäß Schleswig-Holstein und Hamburg, aber ebenso sind alle anderen Gegenden Deutschlands vertreten, darüber hinaus viele europäische Länder; sogar von Übersee sind Eintragungen zu finden. Einerlei, ob sie zum Kaffee oder zum Essen gekommen waren, ob sie nur eine Nacht oder für längere Zeit hier geblieben sind, es sind Menschen der unterschiedlichsten Art, Angehörige aller »Stände«, wie man früher einmal sagte. Da finden sich Kaufleute und Angestellte, Beamte und Handwerker, Lehrer und Professoren, Lehrlinge, Schüler und Studenten (darunter auch zwei »Stud. Suff«, die ihre Eintragung offenbar in einem schon fortgeschrittenen Stadium der Fröhlichkeit gemacht haben). Der »Jungbauer« fehlt ebenso wenig wie der »Postjungbote«, die »Geflügelzüchterin« und der »Steuerzahler«; selbst einen »Halligschnüffler« gibt es. Mitunter steht da unter »Stand« auch einfach nur »Mutti«, »Sohn« oder »Haustochter«; man kam eben häufig und gern in Familie. Wie denn überhaupt Bongsiel vielfach von ganzen Gruppen besucht wurde, seien es nun Reisegesellschaften aus der Ferne oder der »Schwimm-Verein Schleswig«, »die Hausbeflissene Jugend aus Kiel, z. Zt. Plön« oder einfach „sechs lustige Schülerinnen aus Flensburg". Oder seien es auch Wandervögel oder andere Jugendgruppen, die dann auch mit einer Übernachtung im Zelt auf der Wiese hinter dem Haus vorlieb genommen haben. Ganz auffällig ist in den Jahren nach dem letzten Krieg die große Zahl von Angehörigen der britischen Besatzungsmacht, Offiziere wie Mannschaftsgrade; auch sie haben sich dem Vernehmen nach auf Bongsiel mächtig wohlgefühlt. Und seit 1981 trifft sich hier regelmäßig einmal im Jahr der sogenannte »Bongsieler Kreis«, ein geselliger Zusammenschluss von Journalisten aus ganz Norddeutschland, die in Schleswig-Holstein arbeiten oder gearbeitet haben. Um aber noch einmal auf das »Jägerlatein« zu kommen – wo der Wirt ein passionierter

Jäger ist und zu den Jagdpächtern des Ortes zählt, da kann es nicht wundernehmen, dass dort auch die Jäger einfallen, wenn im Herbst die Jagd aufgeht. Zahlreich sind denn auch die Jahre hindurch die entsprechenden Eintragungen – wenn es sich gelohnt hat, auch mal unter Angabe der »Strecke«. Ganz ähnlich hatten zumindest in früheren Jahren die Angler auf Bongsiel ihr Paradies gefunden und haben sich mit bestem Dank und einem zünftigen »Petri Heil« wieder verabschiedet.

Zuweilen heben sich aus der hier namenlos gebliebenen großen Zahl der Gäste bekannte Namen heraus, die hier zu nennen nicht versäumt werden soll. Da findet sich beispielsweise ein langer, leider undatierter Text von Elfriede Rotermund, der »Dichterin der Halligen«. Im Sommer 1959 ist die ostfriesische Dichterin Wilhelmine Siefkes auf Bongsiel zu Gast. Aus Kiel kamen 1933 Dr. Fritz Braun »vom Volkskunde-Atlas« und 1935 und 1936 der Schriftsteller Wilhelm Lobsien. Professor Ernst Löfstedt aus Lund in Schweden, Erforscher festlandsnordfriesischer Dialekte und Mentor mehrerer jüngerer Frisisten, die gleichfalls in Nordfriesland tätig geworden sind, hat seit 1920 Bongsiel mehrfach besucht.

Nicht zu vergessen die Maler, von denen nicht wenige ihre Bilder auf Bongsiel gelassen haben. Der Katalog der Sammlung Thamsen nennt – außer Lauritz Thamsen selber – 23 Namen, an erster Stelle, wie es sich gehört, die Angehörigen der Familie Eckener, Alex Eckener vor allem und dann seine Frau Sophie sowie den Sohn Hans Peter. Es erscheinen weiter die Nordfriesen Andreas Dirks von Sylt, Hans Peter Feddersen der jüngere, Anton Nissen, gebürtig aus Tondern, Emil Nolde von Seebüll und Ingwer Paulsen aus Halebüll bei Husum. Dazu unter anderen Eckeners Lehrer Leopold Graf Kalckreuth aus Stuttgart, Reinhold Rudolf Junghanns aus München, der später in die Schweiz ging, und in jüngerer Zeit der »Halligmaler«

Willy Graba. Darüber hinaus konnten Hans-Jürgen Krähe und H.-Peter Widderich, die Bearbeiter des Katalogs, mehr als vierzig weitere Maler aus ganz Deutschland als Besucher auf Bongsiel nachweisen, unter ihnen, um nur in der Nähe zu bleiben, die Husumer Albert Johannsen und Karsten Kühl.

Zweimal in neuerer Zeit ist Bongsiel sogar von einem Hauch der großen Politik gestreift worden. Ein Anlass ergab sich in den Jahren der Auseinandersetzung um die Bedeichung der Nordstrander Bucht. Die vereinten Naturschutzverbände liefen damals Sturm gegen dieses Vorhaben, das einem verbesserten Küstenschutz zu dienen bestimmt war, und sie erhielten dabei einmal auch Unterstützung von höchster Stelle: von Prinz Philip, Prinzgemahl der britischen Königin Elisabeth II. Er war seinerzeit Präsident des World Wildlife Fund (WWF), und er ließ es sich nicht nehmen, nach Nordfriesland zu kommen, um dem Protest mit seiner Stimme Nachdruck zu verleihen. Bei dieser Gelegenheit – es war im Jahre 1982 – hat er auch Bongsiel besucht und dort gespeist. Die Nordstrander Bucht – der neue Beltringharder Koog – ist in den Jahren 1983–87 bedeicht worden.

Bei dem anderen Besuch handelte es sich sogar um einen richtigen Staatsbesuch, wenn auch um einen »Staatsbesuch privat«, wie der hohe Gast sich ausdrückte. Es war Bundeskanzler Helmut Schmidt, der am 23. August 1979 als erster und bisher einziger deutscher Regierungschef die friesische Volksgruppe in Nordfriesland besucht hat. Auf deren Existenz war er bei einem Besuch der dänischen Minderheit in Flensburg aufmerksam gemacht worden. Und nach eingehender Unterrichtung durch das Nordfriisk Instituut in Bredstedt sowie einem Informationsbesuch des in ähnlichen kritischen Situationen bewährten Staatsministers im Kanzleramt Hans-Jürgen Wischnewski (»Dicker, kümmer dich mal!«) war der Kanzler selber mit seiner Frau vom Brahmsee her im Hubschrauber eingeflogen. Auf Bongsiel fand mit »Aal satt« das von ihm gewünschte »Arbeitsessen zu meiner Information ohne Brimborium« statt. Von den Vertretern der friesischen Organisationen umfassend unterrichtet, schied er mit Dank und den Worten »Ich habe einen Haufen zugelernt!« Die weitere Entwicklung sollte denn auch zeigen, dass dieser Besuch für die Nordfriesen nicht ohne positive Folgen geblieben ist.

LAURITZ THAMSEN UND ALEX ECKENER

Unter den Gästen auf Bongsiel nimmt, wie erwähnt, die Familie Eckener einen hervorragenden Platz ein. Dabei fällt es auf, dass die »Fremden-Bücher« zu den Besuchen der Eckeners nur sehr dürftige Auskünfte geben, so als ob von beiden Seiten, sowohl seitens der Gäste, als auch der Gastgeber, angesichts der engen Beziehung zueinander eine Eintragung irgendwie als unpassend, jedenfalls als überflüssig empfunden worden wäre. Sohn Hans Peter allerdings, zu der Zeit Schüler und später Student der Architektur, hat es sich nicht nehmen lassen, sich anlässlich mehrerer Besuche zwischen 1926 und 1936 in dem Buch zu verewigen. Einmal auch erscheint der Vater zusammen mit dem Sohn. Aus den Entstehungsjahren der Werke Eckeners, die auf Bongsiel hängen – datiert zwischen 1902 und 1938 –, auf entsprechende Besuche des Malers zu schließen, kann allerdings nur reine Spekulation sein. Was übrigens auch bezeichnend ist für das Verhältnis der Familien Eckener und Thamsen – und nicht zuletzt für Lauritz Thamsen selber: Als Hans Peter im Jahre 1910 geboren wurde, malte der alte Spaßvogel auf die Tür des Gästezimmers, in dem die Eckeners gewohnt hatten und auch späterhin noch wohnen würden, einen Storch. Da ist er noch heute, neben einem Hahn, einer Katze sowie zwei Tauben auf drei anderen Türen von Gästezimmern, auch sie von Lauritz Thamsen gemalt, im alten Teil des Hauses zu bewundern.

Sophie Eckener ist auch nach dem Tod des 1944 gefallenen Sohnes und des im gleichen Jahr, nur Tage später verstorbenen Mannes der Familie Thamsen verbunden geblieben, wovon zwei rührende Eintragungen im Gästebuch zeugen: Der eher zurückhaltenden Notiz »Sophie Eckener, Wtwe, Malerin, Stuttgart« vom Sommer 1952 folgte Jahre später, am 16. August 1964, der enthusiastische Eintrag »Sophie Eckener (de Fru von Alex Eckener) in steter Dankbarkeit! u. in alter Freundschaft! Wiedersehen nach 11 Jahren! – Trotz ihrer 80 Jahre hat sie es gewagt. – Freude an den Kindern! u. daran, daß alle Bilder noch hängen wie früher. –«

Die anfängliche Bekanntschaft und dann noch langjährige Freundschaft zwischen Lauritz Thamsen und dem 1870 in Flensburg geborenen, also um fast eine ganze Generation jüngeren Maler geht, wie wir gesehen haben, noch auf die Niebüller Zeit zurück. Hier hatte »Vadder Thamsen« den jungen «noch unbedarften Kunstjünger«, als den Eckener sich selber bezeichnet, unter seine Fittiche genommen, nachdem dieser, nach Beendigung seines Studiums in München, seit 1892 wieder in Flensburg lebte und, wie berichtet, eines Tages auf Veranlassung von Anton Nissen bei Thamsen in Niebüll erschienen war. Später hat der alte Thamsen einmal geäußert, dass Eckener eigentlich so etwas wie sein Zögling gewesen sei. Ein Zufall, eine Besuchsfahrt Eckeners nach Ockholm im Jahre 1902, hat die beiden dann wieder zusammengeführt. Sehr anschaulich erzählt Eckener, wie er bei der Gelegenheit auch nach Bongsiel kam und hinter dem stattlichen Neubau, der da für den Schleusenwärter heranwuchs – wen fand? Lauritz Thamsen mit der ganzen Familie, die da »in Sump un Nattigkeit as den Poggen« hausten – in Sumpf und Nässe wie die Frösche! Diese neuerliche Begegnung war der Beginn dessen, was dann bald eine echte enge Freundschaft der beiden Männer werden sollte, zweier Männer, die bei aller Verschiedenheit doch wieder auch viel Gemeinsames in ihrer Wesensart verband.

So ist es auch nicht verwunderlich, dass von den Bildern der Sammlung Thamsen mehr als die Hälfte von der Hand Alex Eckeners stammt, darunter etliche Ölbilder, Lithographien und Bleistiftzeichnungen, vor allem aber Radierungen. Denn in erster Linie als Radierer ist Eckener ja auch einem weiteren Publikum bekannt geworden, nicht zuletzt durch die Folge von 66 Illustrationen zu Theodor Storms »Schimmelreiter«, einem Werk der letzten Lebensjahre. Von der illustrierten Buchausgabe der Novelle sind bereits mehrere Auflagen erschienen. Eine Auswahl der Bilder ist auch auf Bongsiel zu betrachten.

Es ist kein Zweifel, dass Lauritz Thamsen ganz wesentlich dazu beigetragen hat, dem jungen Freund das Land an der Westküste und seine Menschen zu erschließen, die dann einen so großen Raum in dessen künstlerischem Schaffen einnehmen. Insofern ist der Ältere an diesem Werk keineswegs unbeteiligt. Überhaupt ist wohl schwer zu sagen, nein, eigentlich gar nicht zu entscheiden, wer von den beiden mehr der gebende, welcher mehr der empfangende Teil gewesen ist. Sie sind sich im Grunde nichts schuldig geblieben, nichts, was die ihnen gemeinsame Liebe zur Malerei betrifft und ganz gewiss nichts in ihrem Humor und ihrem Erzähltalent.

Gerade diesem mitunter schier überbordenden Talent, verbunden mit einem hintersinnigen Humor, verdanken wir ein Werk, das im besten Sinne als eine Gemeinschaftsleistung der beiden Freunde anzusehen ist und das seit seinem ersten Erscheinen vor nun bald einem Jahrhundert schon mehrere Generationen erfreut hat: »Dat swarte Peerd, en Lögengeschicht …« Aber das ist ein Kapitel für sich.

DIE SAMMLUNG THAMSEN – GESCHICHTE UND GESCHICHTEN

Rasmus vertellt

Wie jede Kunstsammlung ist die Sammlung Thamsen auf Bongsiel ganz wesentlich durch die Person des Sammlers, durch dessen Eigenart und dessen Vorlieben geprägt. Mitunter aber, und das gilt in besonderer Weise auch in diesem Fall, spielt der Ort, spielt die Landschaft keine geringere Rolle als des Sammlers Person selber. So ist denn die Fülle der Bilder auf Bongsiel nicht nur ein Spiegelbild Lauritz Thamsens und seiner Nachkommen, sondern ebenso ein Abbild der nordfriesischen Küstenlandschaft und ihrer Menschen. Das macht den ganz eigenen Charakter dieser Bildersammlung aus.

Lange Zeit ist ein Katalog der Sammlung Thamsen ein Wunschtraum geblieben. Nach einer ersten, sicher ganz laienhaften Bestandsaufnahme durch den Verfasser Ende der sechziger

Jahre ist es nun aber soweit. Es ist das Verdienst von Hans-Jürgen Krähe, vormals Kunsterzieher und Studiendirektor am Nordsee-Gymnasium in St. Peter-Ording, und des Kunstkenners H.-Peter Widderich in Glückstadt, einen wohlbegründeten Katalog sorgfältig und sachkundig zusammengestellt zu haben. Mit seiner Veröffentlichung in dieser Schrift kann er auch einem weiteren Personenkreis den Reichtum dessen erschließen, was aus Malerei und Grafik rund eines Jahrhunderts auf Bongsiel zu sehen ist.

Nicht alles, was sich hier darbietet, ist vielleicht auch »große Kunst«, zumindest dann nicht, wenn man sich nur an Namen hält. Aber was bedeutet das wirklich? Der Maler Emil Nolde, auch er auf Bongsiel mit drei Arbeiten vertreten, ist weltbekannt, »man« kennt ihn oder kennt, wenn schon sonst nichts, wenigstens den Namen. Aber muss denn einer ein Nolde sein, um nicht dennoch ein guter Maler sein zu können? Jeder Maler hat seinen eigenen Kreis, hat seine Freunde, Kenner und Liebhaber, und deren Zuwendung ist das eigentlich entscheidende Kriterium. Sich das einmal vor Augen zu halten, ist vielleicht gerade angesichts des besonderen Charakters der Sammlung Thamsen von Nutzen. Auch hier finden sich neben großen Namen andere, die vielleicht nur regionale Bedeutung erlangt haben, ohne dass es sich deswegen um unbedeutende Maler handelte, und wieder andere, von denen der Betrachter vielleicht nie etwas gehört hat. Und dann sollte man hinsehen, sich in das Bild vertiefen und herausfinden, was es einem vielleicht geben kann.

123 Werke von 24 Malern führt der Katalog auf, im wesentlichen entstanden – wenn man Carl Ludwig Jessens Deichgrafen-Porträt von 1855 als Ausnahme einmal beiseite lässt – im Laufe des 20. Jahrhunderts. Das von Lauritz Thamsen gemalte, leider undatierte Kinderbildnis von Rasmus (Kat. Nr. 4) und das 2004 gemalte Porträt Elsbe Thamsens von Carolin Beyer (Kat. Nr. 92) bezeichnen die Eckpunkte. Der zeitliche Schwerpunkt liegt aber

doch im ersten Drittel, allenfalls in der ersten Hälfte des vergangenen Jahrhunderts. Nach dem Zweiten Weltkrieg sind nur noch vereinzelt Bilder nach Bongsiel gelangt. Auch dieser zeitliche Rahmen gehört zur Charakteristik der Sammlung.

Es kann im übrigen nicht Aufgabe dieser Darstellung sein, hier einzelne Bilder herauszuheben, zu beschreiben oder gar zu bewerten; vielmehr soll lieber noch ein bisschen geplaudert, soll noch die eine oder andere Geschichte erzählt werden, so wie sie auch immer wieder mal auf Bongsiel zum Besten gegeben wird.

Alex Eckener erzählt sehr anschaulich, wie »Vadder Thamsen« heimlich oben auf der Saalgalerie seines Hotels in Niebüll saß und seine »Lieblinge«, die Griffons, stichelhaarige Wasserjagdhunde, malte. Denn, so meint Eckener, »he föhlte dat in sik, dat he ok selbst wat leisten kunn«. Das Hundebild von 1898 (Kat. Nr. 2) und auch andere seiner Ölbilder zeugen in der Tat von einem nicht unbedeutenden Talent Lauritz Thamsens auf diesem Gebiet. So kam zustande, was Eckener »unbewußt en Mischung vun Griffon un Selbstporträt« nennt, »denn de Griffons harrn jüst so'n breede Backenbart un œwerhangende Schnurrbart un ebenso verdeckte Ogen as de Maler selbst«.

Nicht weniger beachtlich ist das gleichfalls noch in der Niebüller Zeit entstandene Porträt des kleinen Rasmus, das Hans Peter Feddersen so in Erstaunen versetzte, als er es einmal zu Gesicht bekam: »Dunnerwetter, wer hett dat malt?« »Ach,« hatte Lauritz ganz dröge gemeint, »dat is ja man vun mi.« Eckener sieht sich sogar an Bilder von Paula Modersohn-Becker erinnert, was der nie um einen Scherz verlegene Thamsen dann aufgegriffen hat und später, gelegentlich auf das Bild angesprochen, dazu sagte: »Dat is en Modersohn« – womit er ja recht hatte, denn natürlich war Rasmus ein Sohn von Mutter Thamsen.

Dass aber Lauritz Thamsen, was seine Malkunst betraf, denn doch nicht ganz so bescheiden war, wie die Antwort auf Feddersens Frage nahelegen könnte, mag folgende Anekdote andeuten: Danach habe er Eckener einmal zu einem Wettmalen aufgefordert, indem er meinte: »Was du kannst, kann ich auch!« Gesagt, getan, zwei Staffeleien wurden draußen nebeneinander aufgestellt, und dann ging es los, Thema: »Dorfstraße«. Tatsächlich war Lauritz als erster fertig (Kat. Nr. 1), aber die Kühe vor dem Haus und das Melkmädchen auf der Dorfstraße, die Eckener mit ins Bild genommen hatte (Kat. Nr. 16), die hatte Lauritz einfach weggelassen.

Nicht ohne zeitweilige Trübung waren die Aufenthalte auf Bongsiel für den Maler Reinhold Rudolf Junghanns. Wer die zweite Gaststube betritt, dessen Blick fällt unweigerlich sogleich auf das große Bild links vom Fenster an der hinteren Außenwand: Das Porträt Lauritz Thamsens im Profil, mit der Mütze auf dem Kopf, im Lehnstuhl sitzend (Kat. Nr. 106). Er sieht aber alsbald auch, dass mit dem Bild irgendetwas nicht stimmt, als ob da noch etwas fehlte. Und das ist auch so, denn dort, wo in der rechten Hälfte der große unbestimmte Fleck, Ton in Ton, zu sehen ist, da hätte eigentlich noch der Junge Marius stehen sollen. Doch dazu kam es nicht mehr. Als nämlich Junghanns das Bild soweit fertiggestellt hatte, wie es heute noch zu sehen ist, da soll, so wird erzählt, dem alten Thamsen zu Ohren gekommen sein, dass der Maler mit einem der Hausmädchen angebändelt habe oder habe anbändeln wollen. So etwas aber gab es nicht bei Lauritz Thamsen! Wütend schmiss er seinen Handstock nach dem Maler, traf aber nicht den, sondern das Bild auf der Staffelei, das dadurch einen bösen Riss bekam. Junghanns musste Bongsiel verlassen, gerade noch, dass er das halbfertige Bild als »unvollendet« signieren konnte. Zum Glück währte die Verstimmung nicht lange. Schon im nächsten Sommer kam der Maler wieder nach Bongsiel, und die freundschaftliche Beziehung zum Hause Thamsen blieb die Jahre hindurch bis nach dem Zweiten Weltkrieg wenigstens brieflich erhalten. Das Bild allerdings blieb noch lange, wie es war, unvollendet und beschädigt. Erst Hanni Thamsen hat dafür gesorgt, dass es restauriert wurde.

Ärger anderer Art gab es mit einem der vielen Ockholmer Bilder Alex Eckeners. Ein Nachbar zu Bongsiel, der Bauer Hans Peter Ingwersen auf der Nordwarf, eine im wahrsten Sinne des Wortes gewichtige Gestalt, erscheint auf mehreren Bildern Eckeners in verschiedenen Posen. Eine besonders eindrucksvolle Erscheinung bietet er auf einer Radierung von 1910 (Kat. Nr. 42), wo er auf der Weide bei einem fetten Ochsen steht und prüfend dessen Fettsteiß befühlt. Das Bild wird als »der Gräser« bezeichnet, mitunter aber auch als »Fettvieh«. Und das wurde, in völliger Verkennung dessen, welcher der beiden Gestalten diese Bezeichnung gelten sollte, in der Familie Ingwersen übel vermerkt. Eine jahrelange Verstimmung war die Folge, die die Familie Thamsen ebenso betroffen hat wie den Maler, der das Bild »verbrochen« hatte.

Etwas sollte wohl auch noch zu Emil Nolde gesagt werden. Immer wieder ist ja die Rede davon, verständlicher Weise, dass sogar von ihm, dem weltberühmten Maler, ein paar Bilder auf Bongsiel zu sehen sind. Und mitunter findet man dann auch, etwa in einem Zeitungsbericht, die Bemerkung, dass auch Nolde seine Rechnung auf Bongsiel mit einem Bilde beglichen habe. Nun, nichts gegen hübsche Legenden, wenn sonst etwas für sie spricht. Hier aber muss nun doch widersprochen, muss der Wahrheit die Ehre gegeben werden.

Von den drei Noldes, die auf Bongsiel hängen, ist der Holzschnitt eines Männerkopfes von 1906, »Anders« (Kat. Nr. 113), der sich über der Tür zur Küche befindet, erst aus zweiter Hand auf irgendeine Weise an Lauritz Thamsen gelangt. Der Holzschnitt »Prinzess und Bettler«, ebenfalls von 1906 (Kat. Nr. 114), ist ein Geschenk Noldes an Marius Thamsen zu dessen Konfirmation. Einzig das dritte Bild, die Lithographie »Jüngling« von 1926 (Kat. Nr. 115), kann man, wenn man so will, als »Bezahlung« durchgehen lassen, wenn auch in einem etwas anderen Sinne als oben angedeutet. Zu seinem 70. Geburtstag nämlich im Jahre 1937 hatte der Maler Rasmus Thamsen gebeten, die Bewirtung der Gäste auf Seebüll zu übernehmen. Rasmus hatte zugesagt und hatte offenbar zur vollen Zufriedenheit des Malers alles bewerkstelligt. Als es nun ans Bezahlen gehen sollte, und Nolde fragte, was er schuldig sei, gab Rasmus nur zur Antwort: »Kunst mutt mit Kunst betåålt warr'n.« Und das wurde sie denn auch.

EIN KAPITEL FÜR SICH – »DAT SWARTE PEERD«

Im Jahre 1918 erschien im B. Behr's Verlag (Friedrich Feddersen) in Berlin ein außergewöhnliches Buch: ein dünner, wenngleich großformatiger Band, nur 28 Seiten stark und der Zeit entsprechend auf schlechtem Papier gedruckt. Seinen graubraunen Karton-Umschlag schmückte das Abbild eines großen flügelschlagenden Ganters auf dem Rücken eines schwarzen Pferdes, signiert A. Eckener, sowie – ohne weitere Angabe eines Verfassers – der schlichte Titel »Dat swarte Perd. En Lögengeschicht.« Schlug man aber das Buch auf, so enthüllte sich einem auf dem Titelblatt sogleich in Wort und Bild, womit man es hier eigentlich zu tun hatte, nämlich: »Dat swarte Perd, en Lögengeschicht, minen Fründ Laurits Thamsen an'n Butendiek bi Bongsiel, nåhvertellt un mit Schilleratsen utsmückt vun A. Eckener. ut Flensborg.« Dazu im Bild die beiden Autoren, Lauritz Thamsen im Profil, die Prinz-Heinrich-Mütze auf dem Kopf, in der Pose des Erzählers – hier hat offenbar das große Porträt von Junghanns Pate gestanden –, dazu gleichsam im Selbstporträt sein Zuhörer Alex Eckener, beide von dessen Hand gezeichnet (vergl. die Abb. auf S. 168). Eine Lügengeschichte also, sogar, wie sich beim Lesen allmählich herausstellt, mehrere Geschichten ineinander verwoben, auf Plattdeutsch erzählt, in handschriftlichem Text gedruckt und mit 38 Zeichnungen illustriert.

Aber es ist doch noch mehr als nur eine hübsch erzählte und reich bebilderte Geschichte. Denn nicht nur erweist sich Lauritz Thamsen als ein hervorragender Kenner und Interpret des volkstümlichen Humors der Landschaft um Ockholm. Sein Freund Alex Eckener ist ihm auch ein ebenbürtiger Partner in der bildhaften Wiedergabe dessen, was typisch ist für das Land, seine Menschen und ihre Art zu wohnen, zu arbeiten, zu leben – mit einem Wort: Nordfriesland um 1910. Beides zusammen erst ergibt ein Werk, das nicht nur nach wie vor unterhaltsam ist, sondern darüber hinaus bis heute seinen Wert als volkskundliche Dokumentation behalten hat.

Der genaue Hergang der Entstehung dieses Buches ist nicht mehr zu rekonstruieren. Aber nach allem, was Mitte der sechziger Jahre noch von Lauritz Thamsens Sohn Marius wie auch von Alex Eckeners Witwe, Sophie Eckener, zu erfahren war, ist es wahrscheinlich, dass Lauritz Thamsen, aus dem reichen Schatz seiner Döntjes schöpfend, die Geschichte zunächst selber aufgeschrieben hat. Allerdings wird Eckener sie dann durch behutsames Redigieren in eine veröffentlichungsreife Form gebracht haben – angesichts der gelegentlich drastischen Erzählweise Thamsens eine sicher unumgängliche Maßnahme. Vermutlich ist das Manuskript schon um 1912/13 entstanden, in Teilen anscheinend auch noch einige Jahre später. Etwa aus dieser Zeit stammt wohl auch die Mehrzahl der Zeichnungen Eckeners, die zum Teil auf ältere Studien in Bongsiel, Ockholm und der weiteren Umgebung zurückgehen mögen. Einzig die Umschlag-

»Dat swarte Perd«

zeichnung trägt die Jahreszahl 1918, die zugleich auch das Erscheinungsjahr der ersten Auflage bezeichnet.

Das Buch erlebte nach der ersten Auflage sowie einer einmaligen Liebhaberausgabe von 200 Stück zwei weitere Auflagen in den Jahren 1920 und 1924, sicher zur Freude des Verlegers Friedrich Feddersen (1870–1939) auch aus einem ganz persönlichen Grund: Stammte er selber doch aus Nordfriesland und dürfte mit Sicherheit die Herausgabe gerade dieses Erzeugnisses seines Hauses mit besonderer Anteilnahme besorgt haben. Jetzt ist es seit langem vergriffen, und nur ein Zufall könnte es fügen, dass es noch einmal im Antiquariatsbuchhandel auftaucht.

Fast ein halbes Jahrhundert sollte vergehen, ehe dem »swarten Peerd« wieder auf die Beine geholfen wurde. Der Schreiber dieser Zeilen schätzt sich heute noch glücklich, dass er das Buch, mit dem er gleichsam aufgewachsen ist und von dem sich ein Exemplar noch aus elterlichem Besitz erhalten hatte, seinerzeit im Verlag des Nordfriisk Instituut im Originalformat mit allen Illustrationen und dazu noch in erweiterter Form herausgeben konnte. »Dat swarte Peerd« hieß es nun in modernisierter Schreibweise des plattdeutschen Textes, (die ursprüngliche Ausgabe hatte ein e mit einem Haken darunter, um das gedehnte e zu bezeichnen) und weiterhin »Di suurte hängst, en tääl, san frün Lauritz Thamsen foon e bütendik bai Bungsil aw plååttjüsch eewerferteeld än ma bile ütflaid foon A. Eckener üt Flänsborj. Mä en auerseeting ount Hoolmer freesch än ma en läitj stuk, wat A. Eckener iisen am ›Vadder Thamsen‹ schrääben heet, nai ütdäin foon dat Nordfriisk Instituut. Bräist 1967.« Alles klar, nicht wahr? Zu dem plattdeutschen Text des Originals war also parallel eine Übersetzung in das Friesisch der Ockholmer Mundart gestellt; das sprachliche Lektorat im Institut hatte cand. mag. V. Tams Jørgensen mit Hilfe von Gewährsleuten aus Ockholm besorgt. Außerdem enthielt der Band auch die Erinnerungen Alex Eckeners an »Vadder Thamsen« von 1931, auf die eingangs schon hingewiesen worden ist, ferner ein ausführliches Nachwort des Herausgebers zur Vorgeschichte des Buches sowie zwei ganzseitige farbige Reproduktionen: das Porträt Lauritz Thamsens von Alex Eckener von 1925 aus dem Besitz des Schleswig-Holsteinischen Landesmuseums auf Schloss Gottorf in Schleswig und das schöne von Lauritz Thamsen 1926 gemalte Ölbild der alten Schleuse in Bongsiel, das auf Bongsiel immer noch zu sehen ist (Kat. Nr. 6). Auch diese zweite Ausgabe der Geschichte vom »swarten Peerd« ist, nach zwei weiteren Auflagen 1968 und 1978, zur Zeit leider vergriffen.

Nur wenige Jahre waren seit dem Erscheinen der ersten Auflage der Instituts-Ausgabe vergangen, da trabte, man schrieb das Jahr 1973, der Schwarze ein drittes Mal an, abermals in veränderter Gestalt. Der Titel der Neuerscheinung war nun ein dreifacher: »Lauritz Thamsen. Alex Eckener: Das schwarze Pferd / Hans Seifert: Auf den Spuren des Swarten Peerdes / Lauritz Thamsen: Dat Düwelutdrieben«. Das ganze, bereichert durch eine Auswahl der Illustrationen, gab sich als ein Privatdruck zu erkennen, »Für die Freunde der Familien Eckener, Thamsen, Seifert und Feddersen in einer einmaligen Auflage von 200 Exemplaren gedruckt von Berend Harke Feddersen, Kleiseerkoog«.

Berend Harke Feddersen, ein Enkel des Malers Hans Peter Feddersen des jüngeren und Neffe des Verlegers Friedrich Feddersen, der, wie berichtet, 1918 die erste Ausgabe des »Swarten Peerds« besorgt hatte, hatte den Text ins Hochdeutsche übertragen; denn es sei nicht jedermanns Sache, plattdeutsche Texte zu lesen, meinte er, andererseits sei die Geschichte so köstlich, dass sie auch anderen zugänglich gemacht werden sollte, die des Plattdeutschen nicht mächtig sind. Zur Abrundung des ganzen hatte Feddersen zwei weitere Stücke hinzugefügt, die dem Leser einen Einblick in den örtlichen und zeitlichen Hintergrund wie auch in die Entstehungsgeschichte der Erzählung vom »Schwarzen Pferd« vermitteln.

Hans Seifert (1906–1991) war neben seiner beruflichen Tätigkeit im Wasser- und Schifffahrtsamt in Tönning und dann im Ruhestand in Husum ein eifriger Heimatforscher und zudem ein guter Laienmaler, interessiert also auch an der bildenden Kunst.

Eingehend hatte er sich mit Alex Eckener beschäftigt und hatte sich, angeregt durch das Nordfriisk Instituut, insbesondere um die Erforschung der Hintergründe der Geschichte vom »Swarten Peerd« bemüht. Dass er dabei sogar noch Zeitzeugen befragen konnte, verleiht dem ganzen einen besonderen Wert. Das Ergebnis war sein Beitrag »Auf den Spuren des ›Swarten Peerdes‹, Erinnerungen an den Maler Alex Eckener, ›sienen Fründ Lauritz Thamsen‹, und die Menschen und die Landschaft um sie«, niedergeschrieben im Jahre 1968. Hierin geht er zunächst auf das Leben Alex Eckeners und dessen Freundschaft mit Lauritz Thamsen ein und schildert sodann ausführlich den Ort Ockholm sowie das Leben dort um 1910, zu jener Zeit also, da die Zeichnungen Eckeners zum »Swarten Peerd« entstanden sind. Ausführlich behandelt er auch einzelne Personen, den »Gräser« Hans Peter Ingwersen, den Postschiffer Wirk Matthiesen, den wegen seiner originellen Art weit herum bekannten Schlachter Hahn, der dann auch im »Swarten Peerd« eine Rolle spielt, und manche anderen, die auf Bongsiel im Bild zu sehen sind, nicht zuletzt Lauritz Thamsen selber.

Hans Seifert war es auch, der bei seinen Eckener-Forschungen im Nachlass des Malers ein Manuskript gefunden hat, das Lauritz Thamsen vermutlich im Jahre 1915 verfasst, jedenfalls mit einem Brief in jenem Jahr an den Freund geschickt hatte: »Dat Düwelutdrieben«, ein Schwank, der später auch Eingang in »Dat swarte Peerd« gefunden hat. Vielleicht darf man hierin eine Bestätigung der Vermutung finden, dass Lauritz Thamsen die ganze Geschichte einmal selber aufgeschrieben hat.

Bleibt zum Schluss das Bedauern darüber auszudrücken, dass sowohl diese dritte Ausgabe des »Swarten Peerds« wie auch seine beiden Vorgänger nicht mehr so einfach zur Verfügung stehen. Wer also daran interessiert ist, muss sich der gewiss lohnenden Mühe unterziehen, eine öffentliche Bibliothek in Anspruch zu nehmen, die das eine oder andere notfalls im Leihverkehr beschaffen kann. Wir wünschen Glück bei der Suche und viel Vergnügen bei der Lektüre.

*

Hundert Jahre Thamsen Bongsiel – das ist mehr als nur die Geschichte einer Gastwirtschaft hinter dem Ockholmer Wester-Deich. Dem aufmerksamen Besucher erschließt sich in Bongsiel nicht nur etwas von der Geschichte des Ortes, sondern, mehr noch, von Wesensart und Geschichte des nordfriesichen Küstenlandes überhaupt. Und wer dann die »Gaststätte Bongsiel – Dat swarte Peerd« betritt, dem öffnet sich ein wahres Schatzkästlein, ein Haus, in dem zu freundlicher Gastlichkeit und zu guter Küche noch ein kleines Stück nordfriesischer Kulturgeschichte und darüber hinaus allgemeiner Kunstgeschichte anschaulich dargeboten wird. »Bongsiel« – das ist ein Kleinod hinter dem Deich, das bei aller Bescheidenheit seines Äußeren auch im zweiten Jahrhundert seines Bestehens an Anziehungskraft nichts verloren hat. Mögen die guten Geister dieses Hauses noch lange lebendig bleiben.

Wand der Gaststätte »Zum Schwarzen Pferd«

DIE BILDER

I LAURITZ THAMSEN
Dorfstraße, 1898
Öl/Leinwand, 48 × 63,5
sign. u. r.: Th 98

2 LAURITZ THAMSEN
Jagdhund, 1898
Öl/Leinwand, 44 × 37
sign. u. r.: Th 98

3 LAURITZ THAMSEN
Mühle
Öl/Leinwand, 28 × 26,7
o. Sign.

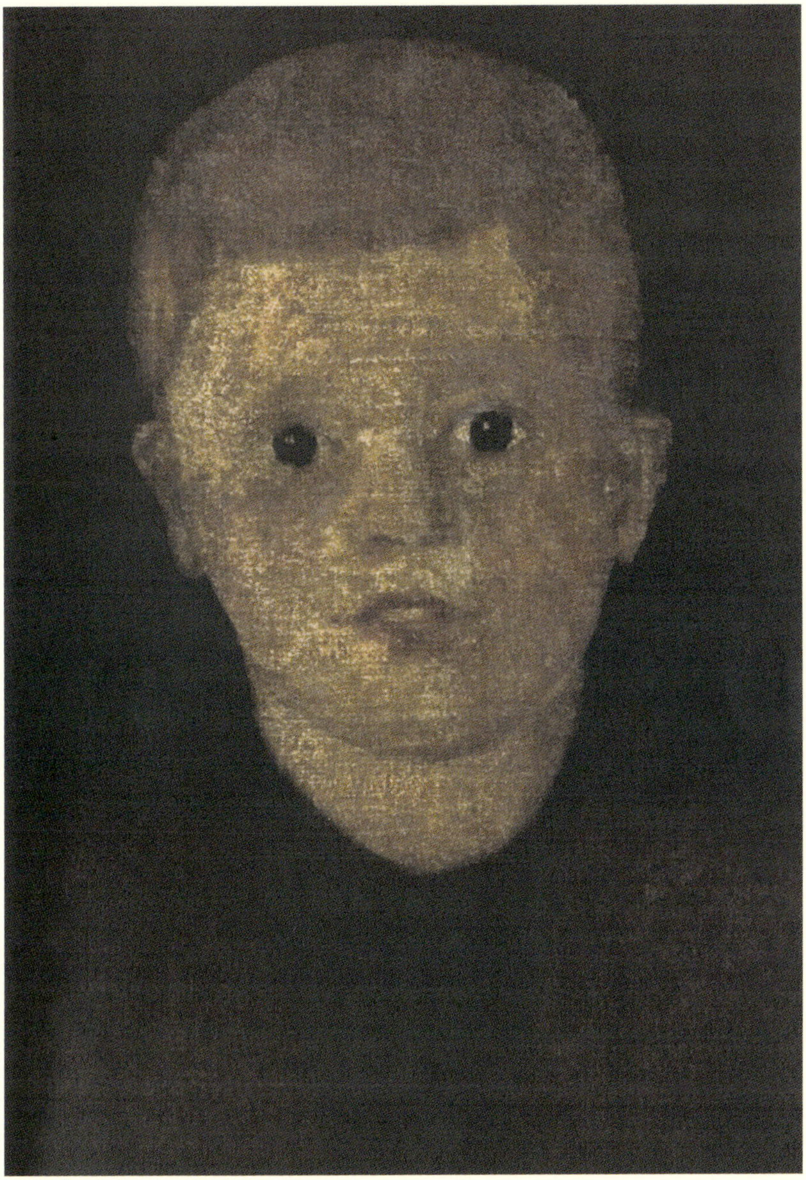

4 LAURITZ THAMSEN
Jungenkopf (Rasmus Thamsen)
Öl/Hartfaserplatte, 35 × 26
o. Sign.

5 LAURITZ THAMSEN
Gehöft mit weißem Zaun, 1926
Öl/Pappe, 39,5 × 59,7
sign. u. l.: Th 26

6 LAURITZ THAMSEN
Schleuse in Bongsiel, 1926
Öl/Pappe, 49 × 35,5
sign. u. l.: Th 26

7 LAURITZ THAMSEN
Gehöft in Bongsiel, 1926
Öl/Pappe, 25,5 × 35,5
sign. u. r.: Th 26

8 LAURITZ THAMSEN
Dorfstraße mit Magd und Kühen, 1927
Öl/Pappe, 37,2 × 49,5
sign. u. l.: Th 27

9 LAURITZ THAMSEN
Redlefswarft, 1927
Öl/Pappe, 35,8 × 43,6
sign. u. l.: Th 27

10 ALEX ECKENER
Lauritz Thamsen, 1913
Öl/Pappe, 35 × 25,8
sign. u. r.: A. Eckener 1913

11 ALEX ECKENER
Lauritz Thamsen, lesend, 1912
Öl/Pappe, 61 × 45
sign. u. l.: A. Eckener 1912

12 ALEX ECKENER
Schleuse Bongsiel, 1936
Öl/Pappe, 25,5 × 35
sign. u. r.: A. Eckener 36

13 ALEX ECKENER
Im Hühnerhof II
Öl/Pappe, 37 × 56,5
sign. u. r.: A. Eckener

14 ALEX ECKENER
Rasmus als Jäger
Öl/Pappe, 39,5 × 24,5
sign. u. r.: A. Eckener 1924

15 ALEX ECKENER
Mondnacht, 1918
Öl/Pappe, 38 × 29,5
sign. u. l.: A. Eckener

16 ALEX ECKENER
Dorfstraße mit Melkerin
Öl/Leinwand, 47 × 62,5
sign. u. l.: A. Eckener

17 ALEX ECKENER
Lauritz Thamsen, 1925
Aquarell, 22,7 × 20,7
o. Sign.

18 ALEX ECKENER
Marie Thamsen, 1924
Bleistift, 21 × 17
sign. u. l.: A. Eckener 13. IX. 24

19 ALEX ECKENER
Lauritz Thamsen, 1924
Bleistift, 21 × 17
sign. u. r.: A. Eckener 16. IX. 24

20 ALEX ECKENER
Lauritz Thamsen, 1925
Bleistift, 25 × 21,7
sign. u. r.: A. Eckener, August 1925

21 ALEX ECKENER

Mann mit Pfeife

Bleistift, 12,5 × 13

sign. u.: Eckener

22 ALEX ECKENER
Alter Mann
Bleistift, 12,5 × 13
sign. u. r.: Eckener

23 ALEX ECKENER, Hallig Habel, 1938
Bleistift, 21 × 26,3
Bez.: Zeichnung von Alex Eckener (1938)
Rasmus Thamsen zu Weihnachten 1957
Sophie Eckener

24 ALEX ECKENER
Lauritz Thamsen
Radierung, 50 × 41
sign. u. l.: A. Eckener

25 ALEX ECKENER
Lauritz und Polene, 1909
Radierung, 20 × 24
sign. i. d. Platte: A. Eckener 09

26 ALEX ECKENER
Lauritz und Polene, 1923
Radierung, 9,3 × 12,7
sign. u. l.: A. Eckener

27 ALEX ECKENER
Lauritz Thamsen, 1912
Radierung, 20,4 × 14,2
sign. u. l.: A. Eckener

28 ALEX ECKENER
Veteranen, 1907
Radierung, 12,2 × 17,2
sign. i. d. Platte: A. Eckener 1907

29 ALEX ECKENER
Im Landkrug
Radierung, 22 × 30,7
sign. u. r.: A. Eckener

30 ALEX ECKENER
De Grotmacht to Huus (H. P. Ingwersen)
Radierung, 21,8 × 30,8
sign. i. d. Platte: A. Eckener

31 ALEX ECKENER
Am Stammtisch
Radierung, 13 × 24
sign. u. r.: A. Eckener

32 ALEX ECKENER
In der Halligkirche, 1918
Radierung, 16,5 × 21,5
sign. u. l.: A. Eckener

33 ALEX ECKENER
Großmutter erzählt
Radierung, 18,4 × 24,6
sign. i. d. Platte: A. Eckener

34 ALEX ECKENER
Ockholm
Radierung, 6,7 × 20,7
sign. u. r.: Alex Eckener

35 ALEX ECKENER
Deich bei Bongsiel, 1914
Radierung, 35 × 44,5
sign. u. l.: A. Eckener

36 ALEX ECKENER
Haus am Deich
Radierung, 12 × 18
sign. i. d. Platte: A. Eckener

37 ALEX ECKENER
Norddeutsche Landschaft
Radierung, 18,7 × 25
sign. i. d. Platte: A. Eckener

38 ALEX ECKENER
Bootshafen
Radierung, 6 × 16,8
sign. u. l.: A. Eckener

39 ALEX ECKENER
Segelboote im Priel, 1925
Radierung, 14,2 × 19,4
sign. i. d. Platte: 25. VIII. A. Eckener

40 ALEX ECKENER
Wirk Matthiesen
Radierung, 11,3 × 15,3
sign. u. r.: A. Eckener

41 ALEX ECKENER
Alter Lotse
Radierung, 23,5 × 14,5
bez.: Peter Nicloi
sign. i. d. Platte: A. Eckener

42 ALEX ECKENER
Der Gräser, »Fettvieh«, 1910
Radierung, 24,5 × 32,5
sign. u. r.: A. Eckener

43 ALEX ECKENER
Weidende Kühe
Radierung, 16,2 × 23,5
sign. u. r.: A. Eckener

44 ALEX ECKENER
Liegende Kuh
Radierung, 12 × 18
sign. u. l.: A. Eckener

45 ALEX ECKENER
Feierabend, 1920
Radierung, 15,5 × 21,5
sign. i. d. Platte: A. Eckener 1920

46 ALEX ECKENER
Hühnerhof mit Kinderwagen
Radierung, 13 × 22
sign. i. d. Platte: A. Eckener

47 ALEX ECKENER
Marschhof mit Heudiemen (1. Zustand)
Radierung, 21,5 × 30,5
sign. i. d. Platte: AE 04

48 ALEX ECKENER
Marschhof mit Heudiemen (2. Zustand)
Radierung, 21,5 × 30,5
sign. i. d. Platte: AE 04

49 ALEX ECKENER
Landschaft mit Mühle, 1907
Radierung, 16 × 24
sign. i. d. Platte: A. Eckener

50 ALEX ECKENER
Altendeich, 1909
Radierung, 21,5 × 31,5
sign. i. d. Platte: A. Eckener 09

51 ALEX ECKENER
Gehöft mit Kühen
Radierung, 20,4 × 34
sign. i. d. Platte: A. Eckener

52 ALEX ECKENER
Haus des Deichgrafen
Radierung, 18 × 13
sign. i. d. Platte: A. Eckener

53 ALEX ECKENER
Mädchen füttert Hühner
Radierung, 10 × 19,8
o. Sign.

54 ALEX ECKENER
Bauernhof mit Kühen, 1920
Radierung, 13,5 × 18,5
sign. u. l.: A. Eckener

55 ALEX ECKENER
Beschaulichkeit, 1902
Radierung, 20,8 × 26,5
sign. i. d. Platte: AE 1902

56 ALEX ECKENER
Alte Frau in der Küche, 1912
Radierung, 33,3 × 23,7
sign. u. r.: A. Eckener

57 ALEX ECKENER
Weg mit Brücke, 1912
Radierung, 15,6 × 20,7
sign. u. r.: A. Eckener

58 ALEX ECKENER
Marschhof mit Milchmädchen
Radierung, 15 × 20
sign. i. d. Platte: A. Eckener

59 ALEX ECKENER
Mühle mit Schleuse, 1921
Radierung, 20,6 × 29,5
sign. u. l.: A. Eckener

60 ALEX ECKENER
Schimmelreiter, 1938
Radierung, 19 × 14
sign. i. d. Platte: A. Eckener 38

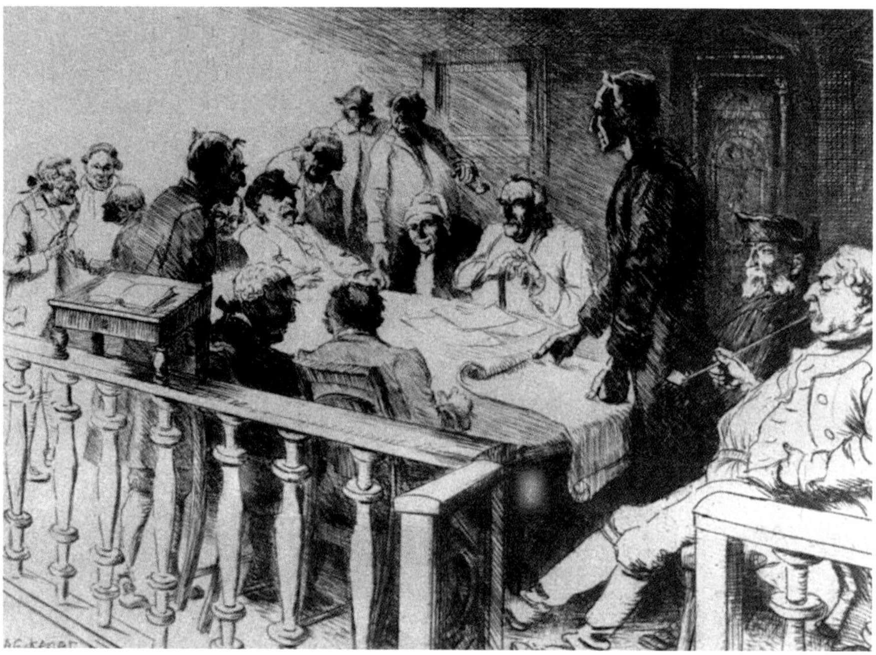

61 ALEX ECKENER
Gemeinderatssitzung, 1938 (Schimmelreiter)
Radierung, 13,7 × 18,9
sign. i. d. Platte: A. Eckener 38

62 ALEX ECKENER
Hof Holm
Radierung, 20,7 × 16,3
sign. i. d. Platte: A. Eckener 07 Flensburg

63 ALEX ECKENER
Dorfstraße mit Laterne, 1921
Radierung, 15 × 21
sign. i. d. Platte: A. Eckener 1921

64 ALEX ECKENER
Nikolaikirche in Flensburg, 1924
Radierung, 16 × 13,1
sign. i. d. Platte: A. Eckener 24

65 ALEX ECKENER
Flensburger Hafen, 1921
Radierung, 15,8 × 23,3
sign. i. d. Platte: A. Eckener 21

66 ALEX ECKENER
Wind und Sonne, 1912
Radierung, 31,5 × 22,5
sign. i. d. Platte: A. Eckener 1912

67 ALEX ECKENER
Uferlandschaft, 1912
Radierung, 22,2 × 33,6
sign. i. d. Platte: A. Eckener 12

68 ALEX ECKENER
Enten, 1926
Radierung, 14,5 × 14,5
sign. i. d. Platte: A. Eckener 26

69 ALEX ECKENER
Bauernhausdiele
Radierung, 12 × 17,3
sign. i. d. Platte: A. Eckener

70 ALEX ECKENER
Küche in Nordfriesland, 1904
Farblithographie, 37,5 × 53
sign. i. Stein: A. Eckener 1904

71 ALEX ECKENER
Friesische Spinnerin, 1903
Farblithographie, 37,5 × 56,5
sign. i. Stein: AE 03

72 ALEX ECKENER
Stube in einem nordfriesischen Bauernhaus, 1904
Farblithographie, 38 × 52,7
o. Sign.

73 ALEX ECKENER
Habel bei Sturmflut, 1936
Lithographie, 29 × 45,2
bez.: s/l Rasmus Thamsen
sign. u. l.: A. Eckener

74 ALEX ECKENER
Veteranen in der Kirche, 1920
Lithographie, 41 × 32,6
sign. u. l.: A. Eckener

75 ALEX ECKENER
Segelboot im Priel
Lithographie, 15,4 × 18,5
sign. u. l.: A. Eckener

76 ALEX ECKENER
Segler und Boot, 1933
Lithographie, 19,6 × 14,9
sign. u. l.: A. Eckener 33

77 ALEX ECKENER
Habel, 1935
Lithographie, 14,7 × 18,5
sign. u. l.: A. Eckener

78 ALEX ECKENER
Gehöft auf der Warft, 1927
Lithographie, 21,3 × 33,6
sign. i. Stein: A. Eckener 27

79 ALEX ECKENER
Dorfstraße in Nordfriesland
Lithographie, 23,8 × 33
sign. u. r.: A. Eckener

80 SOPHIE ECKENER
Rasmus Thamsen, 1952
Bleistift, weiß gehöht, 26 × 21
sign. u. r.: S. Eckener 24. Sept. 1952

81 SOPHIE ECKENER
Gretchen Thamsen, 1953
Bleistift, 29,8 × 26,8
sign. u. r.: S. Eckener 9. 9. 53

82 SOPHIE ECKENER
Johannes Thamsen, 1947
Bleistift, weiß gehöht, 23 × 15,5
sign. u. r.: S. Eckener 21. 9. 1947
bez.: Johannes

83 HANS-PETER ECKENER
Gehöft am Kanal
Öl/Pappe, 25,5 × 35
sign. u. r.: H-P Eckener

84 HANS-PETER ECKENER
Abbruchkante, 1938
Öl/Pappe, 35,5 × 26
sign. u. r.: H-P Eckener 1938

85 HANS-PETER ECKENER (?)
Baumgruppe
Öl/Leinwand, 48 × 27
o. Sign.

86 HANS-PETER ECKENER
Gehöft, 1933
Aquarell, 21 × 31,4
sign. u. r.: H-P Eckener 1933

87 HANS-PETER ECKENER
Gasthof Thamsen, 1935
Bleistift, 16,5 × 23,5
o. Sign.
bez.: Bongsiel 17. Aug. 1935

88 HANS-PETER ECKENER
Brücke über Kanal, 1936
Radierung, 9 × 9,6
sign. u. r.: H P Eckener

89 HUGO AMBERG
Nordwarft
Radierung, 24,5 × 34
bez. u. l.: Nordwarft
sign. u. r.: Hugo Amberg

90 HUGO AMBERG
Hallig Oland
Radierung, 24,8 × 30,7
bez. u. l.: Hallig Oland
sign. u. r.: Hugo Amberg

91 CAROLIN BEYER
Porträt Hanni Thamsen
»Der Kröger von Bongsiel«, 1999
Acryl/Leinwand, 120 × 80
sig. o. r.: Beyer 99

92 CARLIN BEYER
Porträt Elsbe Thamsen, 2004
Acryl/Leinwand, 120 × 80
sign. o. r.: Beyer

93 FIDDE BIEHL
Holsteinische Landschaft
Radierung, 11 × 15,5
sign. u. r.: Fidde Biehl

94 FIDDE BIEHL
Der Hochzeiter, 1924
Radierung, 15,8 × 9,5
sign. u. r.: Fidde Biehl

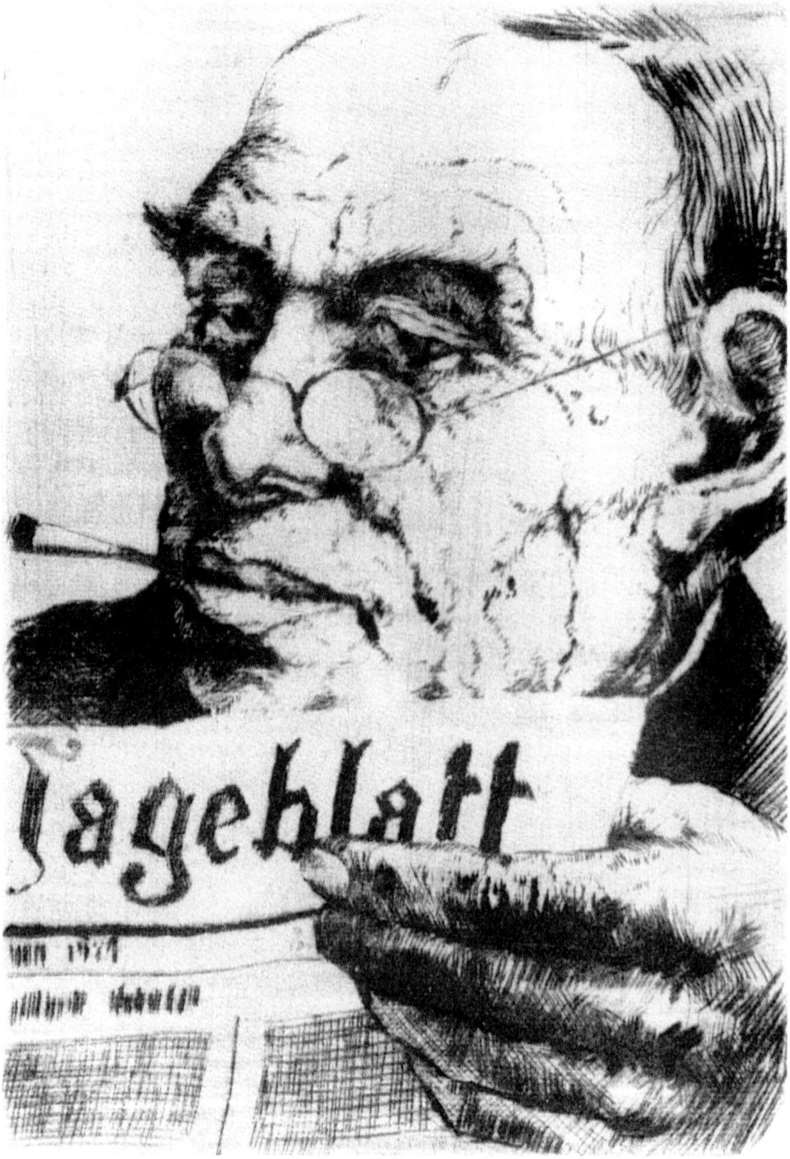

95 FIDDE BIEHL
Zeitungsleser
Radierung, 17,8 × 12,3
sign. u. r.: Fidde Biehl
bez. u.: Herrn L. Thamsen Bongsiel zu eigen

96 HEINRICH BLUNCK
Winterliches Haus
Radierung, 9,8 × 7,8
sign. u. l.: H. Blunck
bez.: Herzl. Weihnachtsgruß Familie Blunck

97 HEINRICH BLUNCK
Hohe Bäume in Harsbek
Radierung, 21,6 × 11,9
sign. u. l.: H. Blunck
bez.: Familie Thamsen in Freundschaft

98 HEINRICH BLUNCK
Bäume am Bach im Winter
Radierung, 8,2 × 9,7
sign. u. l.: H. Blunck
bez.: Glückliches Neujahr 1935 wünscht Familie Blunck

99 HEINRICH BLUNCK
Wulfshof
Lithographie, 26,5 × 36
sign. u. l.: H. Blunck

100 HEINRICH BLUNCK
Haus mit Bäumen
Lithographie, 17 × 12
bez.: Frohes Fest wünscht Familie Blunck

101 ANDREAS DIRKS
Boot im Meer
Öl/Holz, 27,5 × 37
sign. u. r.: Dircks

102 HANS PETER FEDDERSEN
Landschaft auf Röm, 1909
Öl/Leinwand, 43 × 62
bez.: H. P. Feddersen s/l L. Thamsen

103 WILLY GRABA
Hallighafen, 1948
Aquarell, 20,8 × 29,8
sign. u. l.: W. Graba 48

104 FRITZ HILDEBRANDT
Christiansburg, 1937
Aquarell, 28,6 × 40,5
sign. u. r.: Fritz Hildebrandt 37
bez.: in Freundschaft

105 CARL LUDWIG JESSEN
A. Nissen, 1855 (Deichgraf Andreas Nissen)
Federzeichnung, 32 × 28 (Rahmen)
bez.: gez. C. L. Jessen Deezbüll

106 REINHOLD RUDOLF JUNGHANNS
Porträt Lauritz Thamsen, 1912
Öl/Leinwand, 130 × 106
sign. o. r.: RRJ 12
bez.: unvollendet

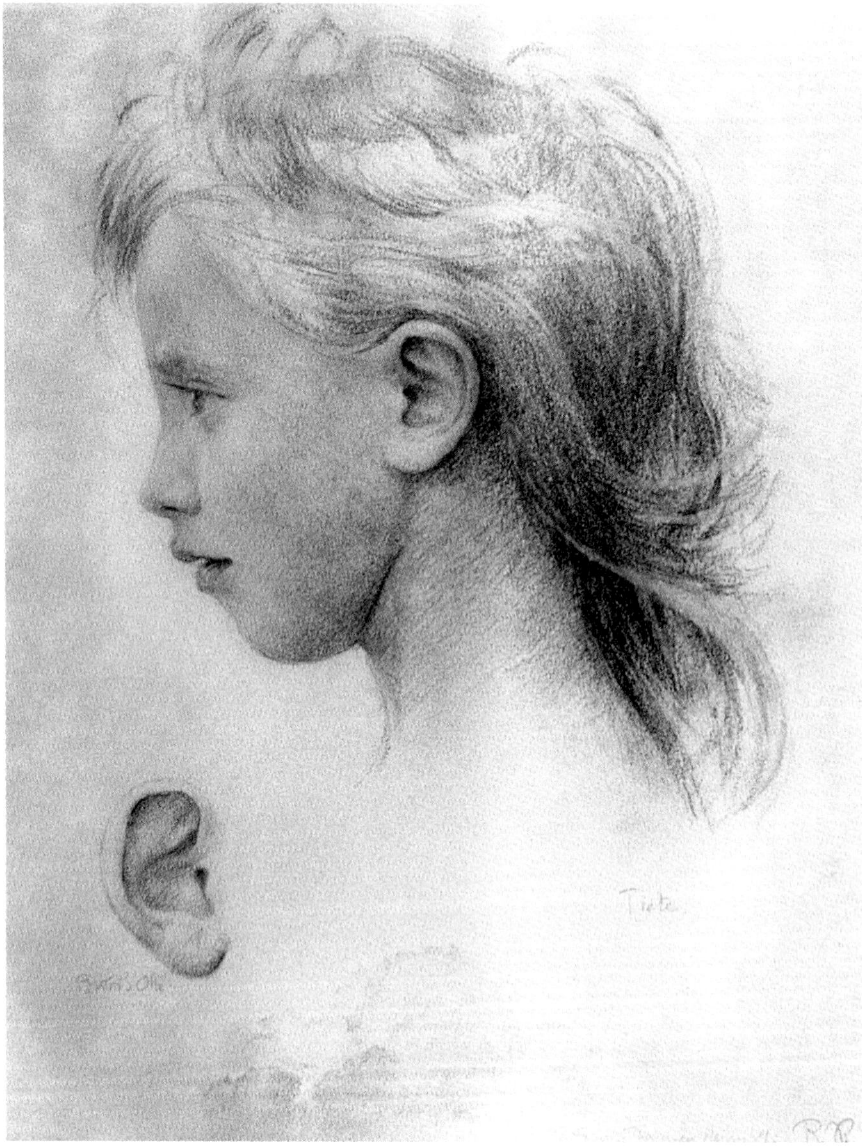

107 REINHOLD RUDOLF JUNGHANNS
Tite
Bleistift, 35 × 28,7
sign. u. r.: RRJ
bez. Tite / Bubi's Ohr

108 REINHOLD RUDOLF JUNGHANNS
Mühle
Radierung, 14,9 × 13,5
sign. u. r.: RR Junghanns

109 REINHOLD RUDOLF JUNGHANNS (?)
L. Thamsen, stehend
Kreide, 43,5 × 24,3
o. Sign.

110 LEOPOLD GRAF KALCKREUTH
Boot mit Heu
Öl/Leinwand, 27 × 35
sign. u. l.: Kalckreuth

III BRUNO MÜLLER-LINOW,
Bauernofen aus Hessen
Radierung, 29,5 × 23,8, sign. u. r.: Bruno Müller-Linow 1979
bez.: für Thamsens aus Nordfriesland einen Bauernofen aus Hessen
Müller-Linow

112 ANTON NISSEN
Häuserreihe am Wasser, 1927
Öl/Leinwand, 34 × 67
sign. u. r.: A. Nissen 27

113 EMIL NOLDE
Anders, 1906
Holzschnitt, 29 × 22,8
sign. u. r.: Emil Nolde

114 EMIL NOLDE
Prinzess und Bettler, 1906
Holzschnitt, 16,5 × 22,9
sign. u. r.: Emil Nolde
bez.: Marius Thamsen freundlichst zur Confirmation

115 EMIL NOLDE
Jüngling, 1926
Lithographie, 15,9 × 11
sign. u. r.: Emil Nolde

116 PAUL HANS OHMERT
Moor
Kohle, 23 × 31
sign. u. l.: P. H. Ohmert

117 INGWER PAULSEN
Langenhornerkoog-Altendeich
Radierung, 13,5 × 20
sign. u. r.: Ingwer Paulsen
Bez.: Vadder Thamsen Weihnachten 23

118 INGWER PAULSEN
Redlefswarft
Radierung, 16 × 27
sign. u. r.: Ingwer Paulsen

119 INGWER PAULSEN
Feldweg nach Hattstedt
Radierung, 13 × 20
sign. u. r.: Ingwer Paulsen

120 KARL PRAHL
An der Küste
Radierung, 12 × 18,3
sign. u. r.: Karl Prahl

121 ERNST SCHLEMM
Häuser auf der Warft, 1919
Gouache, 38,6 × 49,5
sign. u. r.: Schlemm 1919

122 NICOLAUS SOLTAU
Auf der Unterelbe
Lithographie, 25,9 × 18,4
bez.: Herrn Thamsen zur freundl. Erinnerung von N. Soltau

123 PITT STRAUSS
Sturmflut 1962
Aquarell, 61 × 48,3
sign. u. l.: P. Strauss 1962

Alex Eckener: Lauritz Thamsen erzählt

DIE KÜNSTLER

HUGO AMBERG

1872	in Hamburg geboren
	Lebte und malte als Autodidakt in Hamburg

CAROLIN BEYER

1962	in Hamburg geboren
	Studium an Fachhochschule für Gestaltung in Hamburg
	Lebt als Porträtmalerin und Illustratorin in Hamburg

FIDDE (FRIEDRICH-WILHELM) BIEHL

28. Januar 1893	in Lütjenburg geboren
1907–1910	Präparandenanstalt Uetersen
1911–1919	Lehrer und Kriegsdienst
1919–1923	Kunstgewerbeschule Hamburg
1923–1927	freischaffend in Pinneberg
1927	freischaffend in Lütjenburg
	danach in Hamburg
1949–1960	Kunsterzieher in Hamburg
1924, 1925, 1926	in Bongsiel (lt. Fremdenbuch)
1. Januar 1972	in Hamburg gestorben

HEINRICH BLUNCK

30. April 1891	in Kiel geboren
1909	Akademie München
	Akademie Kassel
	Ansässig in Heikendorf bei Kiel
1933, 1934	in Bongsiel (lt. Fremdenbuch)
2. Juli 1963	in Kiel gestorben

ANDREAS DIRKS

17. Juni 1866	in Tinnum / Sylt geboren
	Gewerbeschule in Hamburg
1885–1886	Akademie Düsseldorf
1887–1893	Kunstschule Weimar
	Ansässig in Düsseldorf
1916	Ernennung zum Professor
22. Juni 1922	in Düsseldorf gestorben

ALEX ECKENER

21. August 1870	in Flensburg geboren
1888–1892	Kunstakademie München
1892–1899	Flensburg, Künstlerkolonie Ekensund
1899–1905	Kunstakademie Stuttgart
1905	Heirat mit Sophie Eisenlohr
	Kinder:
1906	Elisabeth (Lise)
1910	Hans-Peter
1912	Adelheid (Heidi)
1916	Ingeborg
1922	Gudrun (Gude)
1908–1936	Lehrer für Grafik an Kunstakademie Stuttgart
1912	Professor
1925–1928	Direktor der Kunstakademie Stuttgart
Ab 1902	Studienaufenthalte in Bongsiel
	Freundschaft mit Gastwirt Lauritz Thamsen
	Gemeinsames Buch »Dat swarte Peerd«
1924	in Bongsiel (lt. Fremdenbuch)
1930	in Bongsiel (lt. Fremdenbuch)
1935	in Bongsiel (lt. Fremdenbuch)
1936	in Bongsiel (lt. Fremdenbuch)
am 26. Mai 1944	in Abtsgmünd gestorben

HANS-PETER ECKENER

1910	als Sohn von Alex und Sophie Eckener geboren
1929–1940	Technische Hochschule Stuttgart
	Studium der Architektur
	Künstlerische Arbeiten, häufig in Bongsiel
ab 1940	Soldat
1926, 1927, 1930,1933,	
1934, 1935, 1936	in Bongsiel (lt. Fremdenbuch)
12. Februar 1944	in Russland gefallen

SOPHIE ECKENER, GEB. EISENLOHR

1884	in London geboren
1899–1905	Kunststudium in Stuttgart
1905	Heirat mit Alex Eckener
	Porträtzeichnerin
1951, 1952, 1964	in Bongsiel (lt. Fremdenbuch)
1975	in Stuttgart gestorben

HANS PETER FEDDERSEN

29. Mai 1848	in Westerschnatebüll geboren
1864–1866	Malerlehre in Niebüll
1866–1870	Kunstakademie Düsseldorf
1871–1877	Kunstschule Weimar
1885	bis zum Tod im Kleiseerkoog
1910	Ernennung zum Professor
1925	in Bongsiel (lt. Fremdenbuch)
13. Dezember 1941	gestorben

WILLY GRABA

17. November 1894	in Wesselburen geboren
1913	Seemann
1914–1919	Internierung in Australien

1919	Kunstgewerbeschule Hamburg
1920–1921	Kunstakademie Berlin
	Ansässig in Wesselburen
1930	Heide
1965	Langeneß
1927, 1929, 1934,	
1937, 1943	in Bongsiel (lt. Fremdenbuch)
26. Dezember 1973	auf Langeneß gestorben

FRITZ HILDEBRANDT

1878	in Quedlinburg
	Lebte als Landschafts- und Bildnismaler in Berlin

CARL LUDWIG JESSEN

1833	in Deezbüll bei Niebüll geboren
1856–1865	Kunstakademie Kopenhagen
1867–1868	Studienaufenthalte in Paris und Italien
Seit 1875	Deezbüll
	Darstellungen friesischer Menschen
	und friesischer Wohnungen
1910	Professor
1917	in Deezbüll gestorben

REINHOLD RUDOLF JUNGHANNS

1884	in Zwickau geboren
1904–1908	Kunstakademie Dresden
1908–1910	Kunstakademie München
Bis 1916	Künstlerische Arbeit in München
1909–1913	Reisen nach Bongsiel und Hallig Habel
1916	Lungensanatorium Davos
	Danach bis Lebensende in der Schweiz
	Sils Baselgia, Bern, Zürich

1922	in Bongsiel (lt. Fremdenbuch)
1967	in Zürich gestorben

LEOPOLD GRAF KALCKREUTH

1855	in Düsseldorf geboren
	Sohn des Malers Stanislaus Graf Kalckreuth
1875–1878	Kunstschule Weimar
1878	Kunstakademie München
1885–1890	Professor an Kunstschule Weimar
1895–1899	Professor an Kunstakademie Karlsruhe
1899	Professor an Kunstakademie Stuttgart
Seit 1907	Eddelsen b. Hittfeld
	Durch Hans Peter Feddersen
	im Kleiseerkoog und in Bongsiel
1928	in Eddelsen

BRUNO MÜLLER-LINOW

31. Juli 1909	in Pasewalk geboren
Ab 1927	Kunstschule Berlin
1936	Dozent für Lehrerbildung in Lauenburg/Pommern
1941/42	Stipendiat in Rom
nach 1945	Lehrer für Grafik an der Kunstschule Braunschweig
1955	Leiter der Werkkunstschule Trier
1956–1976	Professor an der TH Darmstadt
Ab 1988	ansässig in Hochried/Hunsrück
18. März 1997	in Hochried gestorben

ANTON NISSEN

1866	in Tondern geboren
	Malunterricht bei C. L. Jessen
	und Momme Nissen
	Kunstschule Weimar

	Künstlerkolonien Dachau und Ekensund
	seit 1901 in Rinkenis an der Flensburger Förde
1934	in Achim b. Bremen gestorben

EMIL NOLDE

7. August 1867	in Nolde / Nordschleswig geboren
1884–1888	Sauermannsche Schnitzschule in Flensburg
1892–1898	Zeichenlehrer an der Gewerbeschule in St. Gallen
1898	Private Kunstschule von Hans Fehr in München
1899	Kunstschule von Adolf Hölzel in Dachau
1900	Académie Julian
1901	Heirat mit Ada Vilstrup
	Wohnungen in Berlin und auf Alsen
1913 / 1914	Reise nach Neuguinea
1916–1927	Utenwarf b. Mögeltondern
1927–1956	Seebüll
1941	Malverbot
1946	Professor
1916	in Bongsiel (lt. Fremdenbuch)
13. April 1956	in Seebüll gestorben

PAUL HANS OHMERT

1890	in Zielenzig i. d. Mark geboren
	Schüler von Hagemeister und Liebermann
1937	in Bongsiel
	Lebte in Oberstdorf

INGWER PAULSEN

3. April 1883	in Ellerbek bei Kiel geboren
1904	Privatschule Groeber in München
1905	Kunstakademie München
1907	Kunstschule Weimar

1909–1911	in Paris
	Ansässig in Weimar, Friedrichstadt
1923	bis zum Tod in Halebüll bei Husum
1924, 1932	in Bongsiel (lt. Fremdenbuch)
23. November 1943	in Halebüll gestorben

KARL PRAHL

5. Oktober 1882	in Hamburg geboren
1901–1902	Kunstgewerbeschule Hamburg
1902–1903	München
	Ansässig in Hamburg und Kummerfeld bei Pinneberg
1922, 1929	in Bongsiel (lt. Fremdenbuch)
7. September 1948	in Kummerfeld gestorben

ERNST SCHLEMM

	Maler in Kiel
1919	in Bongsiel (lt. Fremdenbuch)

NICOLAUS SOLTAU

28. Februar 1877	in Nienstedten bei Hamburg geboren
	Malerlehre, Abendkurse
	Studium in Bonn
1895	Akademie München
ab 1926	auf Hallig Hooge
1. Februar 1956	in Hamburg gestorben

PIT STRAUSS

1920	in Kottweiler-Schwanden (Rheinland-Pfalz) geboren
1941	nach Kriegsdienst Kunstakademie Stuttgart
1942	Technische Hochschule München

1949	Schüler Franz Masereels in Saarbrücken
	Lebte und arbeitete in Ladelund
1962	in Niebüll gestorben

LAURITZ THAMSEN

1848	in Rutebüll/Nordschleswig geboren
1879	Heirat mit Marie Jensen
	Hotelier in Niebüll
1902	Schleusenwärter in Bongsiel
1903	Gastwirtschaft Thamsen
	Laienmaler
	Freund der Maler in seinem Gasthof
	Erzählung »Dat swarte Peerd«,
	aufgeschrieben und illustriert von Alex Eckener
1929	gestorben
1926	Übergabe an Sohn Rasmus Thamsen (1891–1963)
	und Frau Gretchen
1961	Übergabe an Sohn Johannes (»Hanni«) Thamsen
	und Frau Elsbe
2001	Übergabe an Sohn Björn Thamsen

Storch auf Gästezimmertür, gemalt von Lauritz Thamsen

GÄSTEBUCH 1941–1961

Im Gästebuch aufgeführte Maler, Bildhauer, Zeichenlehrer

Seite	Name	Aufenthalt
1	Theodor Sander (1858–1935), Berlin	9.4.1914
8	Emil Nolde (1867–1956), Berlin	21.5.1916
13	Ernst Schlemm, Kiel	28.9.1919
17	Reinhard Heinemann (1895–1967), Nienstedten	Juli 1920
21	Freya Viese, Kiel	17.–18.10.1920
22	Elisabeth Cullmann, München	30.5.1920
23	Karl Thiemann, Arolsen	11.7.1920
26	Otto Larsen (1889–1970), Hamburg	2.6.1922
27	Otto Thämer (1892–1975), Altona	12.6.1922
32	Otto Thämer	Herbst 1922
29	Karl Prahl (1882–1948), Kummerfeld	27.–29.7.1922
70	Karl Prahl	13.4.1929
31	Reinhold Rudolf Junghanns (1884–1967), Bern	1922
33	Hugo Hertig, Darmstadt	3.6.1923
34	Paul Bollmann (1885–1944), Hamburg	Juni 1923
44	Ingwer Paulsen (1883–1943), Halebüll	12.6.1924
86	Ingwer Paulsen	5.8.1932
45	Fidde Biehl (1893–1972), Pinneberg	30.–31.7.1924
54	Fidde Biehl	18.–19.9.1925
56	Fidde Biehl	20.6.1926
47	Alex Eckener (1870–1944), Stuttgart	20.–21.9.1924
79	Alex Eckener	10.–14.8.1930
102	Alex Eckener	26.7.–21.8.1935
107	Alex Eckener	Juli 1936
53	Hans Peter Feddersen (1848–1941), Kleiseerkoog	August 1925

53	Werner Wolff, Dessau	29.8.1925
56	Johannes Poppen (1893–1944), Hamburg	20.6.1926
60	Hans-Peter Eckener (1910–1944), Stuttgart	14.8.1926
64	Hans-Peter Eckener	25.7.1927
79	Hans-Peter Eckener	1.8.1930
?	Hans-Peter Eckener	25.7.–Aug. 1933
97	Hans-Peter Eckener	1.8.–Sept. 1934
102	Hans-Peter Eckener	26.7.–21.8.1935
107	Hans-Peter Eckener	Juli 1936
64	Willy Graba (1894–1973), Wesselburen	16.8.1927
72	Willy Graba	3.7.1929
91	Willy Graba	16.4.1934
110	Willy Graba	6.–7.7.1937
138	Willy Graba	18.–28.5.1943
76	L. M. Roth, Uetersen	19.6.1930
83	Karl Kluth (1898–1972), Hamburg	7.–9.10.1931
90	Heinrich Blunck (1890–1933), Heikendorf	Sept. 1933
92	Heinrich Blunck	Juni 1934
91	August Kück, Fehmarn	28.5.1934
93	Hans Gross (1892–1981), Bremen (Heide)	17.7.1934
93	Elma Gross (1892–1981), Bremen (Heide)	17.7.1934
97	Edith von Herzier, Baden-Baden	21.–26.8.1934
110	Heinrich Kasten (1899–1970), Altona	20.–22.5.1937
110	Kurt Löwengard (1895–1940), Hamburg	6.–7.7.1937
113	Ernst Witt (1901–1977), Hamburg	16.–17.9.1937
113	Eduard Schloemann (1888–1941), Düsseldorf	20.9.1937
130	Eduard Schloemann	7.8.1940
119	Otto Fischer-Lamberg, Halle	31.8.–1.9.1938
122	Albert Johannsen (1890–1975), Husum	2.5.1939
124	Tom Hops (1906–1976), Hamburg	21.6.1939
149	Tom Hops	5.6.1950

125	Marianne Overbeck, Mannheim	28.7.1939
125	Paul Golombek, Hamburg	20.–21.7.1939
126	H. Rhode, Berlin	3.–5.8.1939
129	Karsten Kühl, Husum	30.5.1940
137	Heinrich und Johannes Jäger, Flensburg	7.7.1942
138	Helene Bendler, Mülheim / Ruhr	März 1943
142	Georg Schroeder, Berlin	1946
144	Arnold Hilmer (geb. 1908), Hamburg	23.7.–17.8.1948
144	Lotte (Charlotte) Hilmer (1909–1958), Hamburg	23.7.–17.8.1948
148	Adolf Wriggers (1896–1984), Hamburg	Sept. 1949
148	Albert Feser (1901–1993), Hamburg	6.–8.10.1949
155	Sophie Eckener, Stuttgart	Juli 1951
160	Sophie Eckener	26.8.–8.9.1952
?	Sophie Eckener	18.8.1964
158	Wilh. v. Westphalen und Frau (Malerin), Helmern	12.6.1952
159	Otto Holzapfel, Berlin	11.–14.7.1952
166	Rudolf Stelling, Neumünster	6.7.1954
169	Bruno Kröll, Mannheim	23.4.1955
169	Fritz Weber-Kiffe, Wesel	23.4.1955
180	Fritz Weber-Kiffe	23.8.1956
170	Albrecht Schmid, Bornhöved	23.–24.6.1955

Im Gästebuch der Hallig Habel

	Thilo Oquecka, Rendsburg	Juli 1963

Danksagung

Die Familie Thamsen, Bongsiel, dankt allen,
die am Zustandekommen dieses Buches beteiligt waren:
allen voran Reimer Kay Holander für den Text und
die weitere Unterstützung bei sämtlichen Aspekten des Buches,
Hans Jürgen Krähe und H.-Peter Widderich
für die Erstellung des Kataloges,
Manfred Wigger für die Porträts und Photos der Bilder,
Carolin Beyer für ihre unermüdliche Unterstützung
in allen Bereichen,
Rainer Groothuis und Hanna Kronberg
von Groothuis, Lohfert & Consorten für die Gestaltung,
Ingo Scholz und Werner Matthiesen von Clausen & Bosse
für die große Unterstützung,
Marlene Kunz und Prof. Dr. Thomas Steensen
vom Nordfriisk Instituut für die gute Zusammenarbeit,
Katja Hoffmann, Berend Harke Feddersen
und dem Nordfriesischen Museum, Husum,
für die freundliche Genehmigung zur Veröffentlichung.

Der Dank gilt auch den Sponsoren,
die das Erscheinen ermöglichten:
Clausen & Bosse, Leck,
Groothuis, Lohfert, Consorten, Hamburg
Spar- und Leihkasse zu Bredstedt AG,
Stiftung Nordfriesland, Husum,
Flensburger Brauerei Emil Petersen GmbH und Co KG,
Getränke Tadsen GmbH, Bredstedt,
Firma Kloppenburg GmbH & Co, Kiel.

Bibliographische Informationen der Deutschen Bibliothek
Die Deutsche Bibliothek verzeichnet diese Publikation in der Deutschen Nationalbibliographie; detaillierte bibliographische Daten sind im Internet über http://dnb.ddb.de abrufbar.

Bildnachweise:
Hans Hoffmann (†), Husum; Umschlagfoto, S. 30 und 42
Nordfriesisches Museum, Husum; S. 13
Margot Pauls, Bredstedt; S. 178
Familienbesitz Thamsen; S. 8, 17 und 19
Manfred Wigger, Hamburg; »Gaststätte Bongsiel im Jahre 2005« sowie S. 20, 21 und 42
Die Fotos für den Bildteil (S. 44 bis 166) wurden von Hans-Jürgen Krähe, H.-Peter Widderich sowie Manfred Wigger angefertigt.

Nr. 182

ISBN 3-88007-327-9

Gestaltung: Groothuis, Lohfert, Consorten | glcons.de
Lithografie: Frische Grafik, Hamburg
Druck und Bindung: Clausen & Bosse, Leck